KB054542

내 삶에 힘이 되는

니체의 말

내 삶에 힘이 되는
니체의 말

Nietzsche, Friedrich Wilhelm

임성훈 지음

다른
상상

자유로운 정신과 건강한 삶을 위하여

30대 초반 어느 날, 서점에서 무언가에 홀리듯 니체의 책을 집어 들었다. 『이 사람을 보라』 도발적인 책 제목에 호기심이 일어 책장을 넘겼다. 이리저리 뒤적거리다가 키득키득 웃음이 나왔다. 한 마디로 빵 터졌다. 〈나는 왜 이렇게 현명한지〉, 〈나는 왜 이렇게 영리한지〉, 〈나는 왜 이렇게 좋은 책들을 쓰는지〉. 장 제목에서 느껴지는 거만함과 익살이 재미있었다.

"나는 인간이 아니다. 나는 다이너마이트다."

"나는 너무 호기심이 많고, 의문이 많으며, 오만하여 천박한 대답에 만족하지 않는다."

"나는 왜 이렇게 영리한가? 나는 결코 문젯거리가 아닌 것을 숙고한 적이 없으며, 자신을 허비하지 않았다."

"성장한다는 것은 좀 더 강한 적수를 찾는다는 데서, 혹은 좀 더 강력한 문제를 찾는 데서 드러난다."

심각한 편두통으로 고통스러워하다가 잠깐씩 정신이 돌아왔을 때 미친 듯이 휘갈겨 썼기 때문일까? 경미한, 아니 좀 더 심각한 조증 상태로 써 내려간 글이었다. 단편적이고 선언적이었다. 별다른 체계 없이 하나하나 따로 노는 듯 보이면서도 그 중심을 관통하는 무언가가 있었다. 나는 니체라는 사상가에 대해서는 어느 정도 알고는 있었지만, 그가 쓴 책의 완역본 독서는 뒤로 미루고 있었다. 조금 부담스럽기도 했고, 재미없지 않을까 생각했다. 하지만 웬걸. 어지간한 드라마보다 재미있었다. 속이 뻥 뚫리는 기분이었다.

그 뒤로 니체 전집은 내 서재 한쪽에 자리 잡았다. 나는 무언가 꽉 막혀 가슴이 답답할 때, 생각이 정리되지 않고 혼란스러울 때마다 니체의 책을 꺼내 들었다. 시집을 읽듯 아무 곳이나 펼치고 그와 대화를 나누었다. 그러면서 하나둘 문장을 수집하고 그 문장들을 분류했다. 그리고 기록했다. 니체가 다이너마이트로 터트려 버린 내 고정관념의 파편들을 과감히 폐기하고, 새롭게 돋아난 생각들을 채워 넣었다.

한 인간의 철학을 교과서에 나오는 것처럼 틀에 넣어 분류해 버리는 것은 위험하다. '에픽테토스'라고 하면 '스토아 철학', '니체'라고 하면 '허무주의'와 같은 분류는 사지선다형 시험을 위한 요약집을 만들 때는 좋겠지만, 한 사상가의 '진짜' 철학을 이해하는 데는 그리 도움이 되지 않는다.

이 책은 니체와 내가 나눈 대화의 기록이다. 기존에 니체 철학을 풀이한 내용을 참고했지만, 온전히 내가 느끼고 겪은, 니체와 멱살 잡고 드잡이질한 체험을 기록했다. 어떤 사상가의 사상을 '권위 있는' 해석에 의존해서 읽는 것은 니체가 바라는 바가 아니다. 독자들도 나의 해석은 '참고'만 하고 각자가 니체와 대화를 나누기를 바란다.

"오직 자신을 믿도록 하라. 자기 자신을 믿지 않는 자는 언제나 거짓말을 한다!" -『차라투스트라는 이렇게 말했다』

이 책이 나오기까지 변함없는 사랑과 응원을 보내준 가족들에게 사랑과 고마움을 전한다.

임성훈

이 책은 '다행히' 철학서가 아니다. 니체라는 사상가의 말에서 아이디어를 얻어 쓴 자기계발서다. 그럼에도 불구하고, 니체 철학의 기본적인 용어와 개념을 알아야 이해하기가 쉬울 것이다. 잡다한 가지는 모두 쳐내고, 니체 철학의 굵직한 주제 세 가지에 대해 이해한다면 편하게 책을 읽어가는 데 도움이 될 것이다.

첫째, 우상의 파괴와 허무주의의 극복

니체는 우상을 극히 혐오했다. '우상'이란 우리가 숭배하는 모든 존재다. 니체 당시 유럽에서는 이성, 기독교 신앙, 국가주의와 같은 것들이 모두 우상이었다. 니체는 망치로 이런 우상을 깨부수려고 했다. 이성적인 것에만 매몰되지 말고, 인간의 다른 본성인 감정, 욕망까지 모두 껴안아야 한다는 니체의 생각은 우상을 붕괴시키는 다이너마이트와 같았다.

오늘날의 우상은 무엇인가? 극단적으로 치닫는 자본주의, 물질만능주의, 좁아터진 의식에서 비롯된 고정관념 등. 우리의 정신을 자유롭게 하지 못하고 가두려는 모든 관념이다. 이에 대해서는 1, 2장에서 주로 다루었다.

　니체는 우상을 하나하나 다 때려 부수다가 '신(神)'마저 그냥
두지 않았다. 니체에게 '신이 존재한다, 하지 않는다'라는 것은 문
제가 아니었다. 그에게는 이미 왜곡되어 가치가 없는 신, 우상이
되어 버린 신이 문제였다. 그는 신에게 사망 선고를 내렸다.

　우리 정신을 구속해 온 우상을 다 부수고 나면 불안해진다.
허무주의 상태다. 니체는 허무주의자가 아니다. 허무주의의 극
복을 위해 위버멘시(Übermensch)와 영원회귀, 아모르 파티(Amor
Fati)라는 대안을 제시했다.

둘째, 위버멘시와 힘에의 의지

　"인간이 보기에 원숭이는 어떤 존재인가? 웃음거리거나 고통스러운
수치다. 위버멘시가 보기에 인간도 이와 마찬가지다." -『차라투스트라는
이렇게 말했다』

'니체' 하면 '초인(超人)'이 떠오른다. '초인'이라고 하면 어딘가 목표에 도달한 슈퍼맨 같은 느낌이라 적절한 번역은 아니다. 하지만 워낙 알려진 말이라 이 책에서도 맥락에 따라 위버멘시와 초인을 혼용했다. '위버멘시'의 뜻은 '건너가는 자', '넘어가는 자'다. 현재의 모습에 만족하고 가만히 있는 존재가 아니다. 쉼 없이 움직이고 변신하는 자다. 위버멘시는 이미 다 완성된, 절대적인 존재가 아니라 잠재력을 최대한 발휘해, 예술의 경지에서 자기 인생을 제대로 살아가는 자다. 그런 위버멘시에게는 성장하지 않고 머물러 있는 인간은 원숭이로 보인다.

위버멘시가 가는 길은 '힘에의 의지'를 발현하는 생명력 넘치는 길이다. 고양되고 기운이 넘치는 길, 생명력으로 충만한 길이다. 힘에의 의지는 자기 주도적으로 사물을 지배하려는 의지, 강해지려는 의지이며, 인간 행위의 근본적인 동인이다. 힘에의 의지는 모든 생명의 존재 의지이자 가장 내적인 본능이다. 위버멘시와 힘에의 의지에 대해서는 2장과 6장에서 주로 다루었다.

"나는 그대들에게 위버멘시를 가르치러 왔노라. 인간은 극복되어야 하는 존재다. 그대들은 인간을 극복하기 위해서 무엇을 했는가?" - 『차라투스트라는 이렇게 말했다』

니체는 자기를 극복하는 생명력 있는, 자기 본모습을 발현하는 멋진 인간, 위버멘시를 꿈꾼다. 이런 존재는 자신의 현실과 운명을 어떻게 받아들일까? 틀림없이 운명을 부정하고 저주하며 드러누워 있지 않을 것이다. 자기 운명을 긍정하고 사랑한다. 심지어 고통과 시련마저도 끌어안는다. 그에게는 모든 것이 자기 성장의 자양분이다. 그는 자기 운명을 사랑한다.

셋째, 영원회귀와 아모르 파티(Amor Fati)

니체의 영원회귀는 '세계는 동일한 것의 무한한 순환이고, 회귀'라는 것이다. 하나의 사유실험이다. 각자의 삶이 변함없이 무한 반복된다고 가정해 보자. 이번 생에서 겪어왔던 아픔도, 슬픔도, 기쁨도 그대로다. 행복한 일은 무한히 반복되어도 좋지만, 불행이 계속된다는 것은 끔찍하다.

하지만, 니체에게 영원회귀는 '힘에의 의지'를 실현하는, 자신을 극복하는 삶의 반복이다. 부정할 수 없는 것이다. 허무함에 빠져 생명력을 잃어버렸다면 무한 반복적인 삶은 괴로움이겠지만, 힘에의 의지를 발현하는 삶, 그런 운명은 사랑할 만한 것이다. 운명애(運命愛, Amor Fati)는 단순히 운명을 체념하고 받아들이는 것이 아니다. 적극적으로 자기 삶을 위버멘시로 이끌어 가는 것이다. 하루하루를 '건너가는 자'로서 충실하게 살아가면서 허무주의는 극복된다. 우리는 매 순간 삶에서 두 가지 갈림길에 서 있다. 짐승의 길을 갈 것인가, 위버멘시의 길을 갈 것인가? 짐승의 길을 버린 자만이 운명애를 말할 수 있다. 운명애에 대해서는 주로 4장과 5장에서 다루었다.

세상을 어떻게 바라보아야 할지 갈피가 잡히지 않는가? 어떻게 하면 나를 바로 세울지 고민되는가? 타인과의 건강한 관계를 맺고 싶은가? 삶이 힘들게만 느껴지는가? 권위 있는 누군가의 말을 그대로 따라도 행복하지 않은가? 진정한 자유와 행복을 어떻게 구해야 할지 알고 싶은가? 그렇다면 니체의 조언에 귀를 기울여 보자. 그 누구도 아닌, 자기만의 삶을 살아갈 수 있는 힘을 키울 수 있을 것이다.

　이 책은 굳이 앞에서부터 읽지 않아도 된다. 아무 곳이나 펼치고 니체가 전한 촌철살인의 메시지에 잠시라도 건강한 삶-자유롭고 나답게 살아가는-에 대해 생각해 볼 수 있기를 바란다.

* 본문에 인용된 니체의 말은 원전의 핵심 메시지를 그대로 살리되, 독자의 이해를 위해 일부 내용을 각색하였음을 밝힌다.

| 차 례 |

1장

세상 바라보기

내면적인 가치를
잃지 않도록 주의하라

✳

인격이 아니라 나사가 되는 대가로 하나의 값을 갖다니!
그대들이 해야 하는 일은 얼마나 많은 내면적인 가치가
외부의 목표를 위해 포기되는지에 대한 대차대조표를 제시하는 것이다.

『아침놀』

당신은 무엇을 위해 살아가는가? 번듯한 직장, 높은 연봉, 멋진 차, 좋은 집과 같은 외면적인 목표를 위해 내면적인 가치를 포기하고 있지는 않은가? 직장을 다니지 말라는 말이 아니다. 직장을 다니더라도 영혼 없이 지내지는 말라는 것이다. 돈을 많이 벌지 말라는 말이 아니다. 돈은 생존의 차원에서도, 나의 꿈을 이루는 데도 중요한 것이다. 하지만, 내면의 목소리에 귀 기울이지 않고 외면적인 목표만을 위해 살아가는 것은 분명히 어리석은 것이다.

'나도 할 수 있다'라고
생각하라

✳

사람들이 경외하는 '위대한 인물들'이란 뒤에 만들어진
아주 작고 열악한 허구다.
역사적 가치의 세계는 위조 짓거리가 지배한다.

『니체 대 바그너』

사람들은 종종 위인과 영웅을 만들어 내고 미화한다. 그 사람의 어머니는 자식을 가졌을 때 비범한 태몽을 꾼다. 그는 어릴 때부터 남다른 영특함과 재능을 보인다. 동서양의 공통적인 클리셰(cliché)다. 그 사람은 특별하기에 대단한 일을 해낼 수 있지만, 나는 평범하기에 그렇게 될 수 없다고 초라한 자기를 합리화한다. 우리가 알고 있는 위인전 속 위인들의 모습은 가공되고 위조된 게 아닐까? 역사적으로 만들어진 우상에 속지 말고, 남들이 해낸 것은 나도 할 수 있다고 생각하는 사람만이 자기 삶을 살 수 있다.

모든 변화에 대처할
마음의 준비를 하자

✳

물질세계의 걸림돌에 걸려 넘어지더라도 길을 끝까지 찾아야 한다.
우리는 지구 표면에서 발생할 수 있는
모든 변화에 대처할 마음의 준비를 단단히 해야 한다.

『니체 자서전』

니체는 1844년에서 1900년, 변화의 시대를 살았다. 과학기술이 급속하게 발전하고, 유럽이 정치적으로도 급변하는 시기였다. 사람들이 세상을 바라보는 관점이 바뀌는 시대였다. 니체 자신도 기존의 철학을 망치로 때려 부수고, 현대 철학의 문을 열었다. 우리가 사는 지금은 어떤가? 앞으로 세상이 얼마나 변할까? 얼마나 많은 변화가 있을지는 그 누구도 예측할 수 없다. 변화의 속도에 따라가기 힘들 것이다. 변화 속에 의연한 마음으로 대처하기 위해서는 본질을 보는 힘을 길러야 한다. 철학이 필요하다.

멍하니
남의 생각을 따라가지 말라

✳

거리에서 지나가는 사람들을 멍하니 바라보는 사람들처럼,
학자들도 남이 생각한 사상을 멍하니 바라본다.

│

『차라투스트라는 이렇게 말했다』

남의 생각을 외우려고 하지 말라. 교과서 외우듯 책을 보지 말라. 죽은 사상가의 책은 내 생각을 키우기 위한 재료일 뿐이다. 책을 계단 삼아 밟고 올라서야 한다. 남의 생각을 따라만 가지 말고 내 생각을 생산해야 한다. 서늘한 그늘에 앉아 안주하지 말고 세상의 중심에서 뜨겁게 체험해야 한다. 주인으로 살아가는 자는 눈에서 빛이 나온다. 하지만, 정신의 노예로 살아가는 자는 멍하니 남이 씌워준 안경을 쓰고 세상을 바라볼 뿐이다.

감정이
논리에 앞선다

✳

그대는 누군가를 혐오한다.
그리고 혐오하게 된 근거를 풍부하게 제시한다.
나는 그대의 혐오만을 믿을 뿐, 근거들은 믿지 않는다!

『아침놀』

'답정너'라는 말이 있다. '답은 정해져 있고 너는 답만 하면 돼' 의 줄임말이다. 이 말에서도 볼 수 있듯이, 인간은 이성적인 사유 의 결과로 어떤 사람이나 사물, 현상을 좋아하거나 싫어하지 않 는다. 오히려 선호를 먼저 정해놓고 그것을 설명하기 위해 논리 적인 근거를 끌어오는 경우가 많다. 우리의 감정은 무조건 반사 적으로 프로그램된 방식으로 생겨나기 때문에 좋고 싫다는 선호 는 비논리적으로 금세 결정되고 만다. 따라서 어떤 감정을 설명 하는 논리적인 근거는 믿을 만한 것이 아니다.

정말 필요한 것을
소비하고 있는지 생각해 보자

✳

필요가 발명의 원인이라고들 한다.
하지만, 실제 필요는 발명된 것의 결과에 불과한 경우가 종종 있다.

｜

『즐거운 학문』

스마트폰은 중독될 수밖에 없는 많은 특징을 갖고 있다. 전화, 메일, 은행, 카메라, 문자, 게임 등 예전에는 각기 흩어져 있던 기능이 한데 들어가 있다. 스마트폰에 들어 있는 모든 기능을 하나하나 제대로 알기도 쉽지 않다. 그런데 이런 기능은 모두 필요한 것일까? 필요해서 만들어진 것인지, 만들어 두니 쓰게 되는지 알기 힘들다. 자본주의 사회에서는 소비를 위해 끊임없이 필요를 만들어 내는 것이 아닐까?

진정 자유로워지기 위해서는
중력의 저항을 이겨내야 한다

✳

타조는 가장 빠른 말보다 더 빨리 달리지만,
아직 머리를 무거운 대지에 무겁게 처박고 있다.
아직 날지 못하는 인간도 타조와 같다.

『차라투스트라는 이렇게 말했다』

날아오르기 위해서는 중력의 저항을 이겨내야 한다. 중력이 무거운 대지로 나를 잡아끄는 힘보다 더 세게 뜀박질하고 날아올라야 한다. 니체는 우리를 땅바닥으로 잡아끄는 모든 관습, 우상과 같은 것을 '중력의 영'이라고 했다. 니체는 우리가 중력의 저항을 이기고 날아오르기를 바란다. 망치로 중력을 다 깨부수라는 것이다. 가벼워져라. 세속에서 강요하는 관념에서 자유로워져라. 세상은 그저 따라야만 하는 것이 아니라 내 정신의 시험 무대다.

책에서
권위에 도전할 수 있는 정신을 배워라

✳

모든 책을 넘어설 수 있도록 해주지 못하는 책에
무슨 중요한 것이 들어 있겠는가?

|

『즐거운 학문』

책이라고 무조건 다 좋은 것일까? 책에도 많은 종류가 있다. 지식을 잘 정리하여 전해주는 책, 즐기면서 시간을 때우기 위한 책, 시야를 확장해주는 책 등. 니체는 새로운 관점으로 세상과 사물을 볼 수 있도록 해주는 책을 읽는 것을 사랑했다. 그런 책을 읽으면 기존에 바라보던 방식과는 다르게, 새롭게 사물을 바라보고, 스스로 생각하면서 읽게 된다. 책을 읽을 때는 저자의 생각을 그대로 받아들이기만 해서는 안 된다. 생각하게 해주는 책, 다른 책의 권위에 도전할 수 있는 정신을 키워줄 수 있는 책이야말로 값진 책이다.

낡은 관념에만 순응하는
선한 자가 되지 말라

✳

선한 자들이 가장 미워하는 자는 창조하는 자다.
선한 자들은 창조할 수 없다.
그들은 언제나 종말의 시작이다.

『차라투스트라는 이렇게 말했다』

　여기서 '선하다'는 것은 긍정적인 의미가 아니다. 낡은 도덕관념에 저항하지 못하고, 그저 순응하는 것이다. 그 속에 갇혀 헤어나오지 못하는 자가 선한 자이다. 그러니 선한 자는 창조력을 상실한 자다. 새로운 관점으로 바라보지 않고 낡은 관점 속에서 제한된 세상을 본다. 반면, 낡은 가치들에 도전하는 자들이 있다. 선한 자들의 눈에는 범죄자다. 하지만 창조력이 있는 살아있는 사람이다. 혹시 주변에서 당신을 '착하다'라고 칭찬하는가? 그런 칭찬이 마냥 좋아할 만한 것일지 생각해 보라.

창조적으로
살아라

✳

인간은 자기 아이만 임신할 뿐이다.
무엇이든 곧이듣거나 설득당하지 말라!
거짓 가치에 설득당하지 말라!

|

『차라투스트라는 이렇게 말했다』

인간이 할 수 있는 가장 창조적인 일 중 하나가 바로 생명의
창조일 것이다. 내 안에서 새로운 존재를 창조해 낸다는 것! 정말
멋진 경험이다. 이렇게 생명을 낳듯 창조적으로 살아라. 자기의
정신적인 가치를 창조하라. 누군가가 말하는 것을 그대로 따르는
것은 아무 의미 없다. 자기가 소화하지 않은 것은 거짓 가치다.
세상에 휘둘리지 않으려면 자기가 온전히 소화해서 창조한 가치
만을 따라야 한다. 창조성을 잃은 생명은 의미가 없다.

'나는 무엇이다'라고
정의해보라

❋

나는 인간이 아니다.
나는 다이너마이트다.

『이 사람을 보라』

　　모든 이들에게는 각자의 소명이 있다. 그것은 외부에서 권위 있는 누군가가 주는 것이 아니다. 스스로 세상을 살아가면서 정의하는 것이다. 소크라테스는 동시대의 아테네인들에게 '무지(無知)의 지(知)'를 설파하는 것을 자기 소명으로 삼았다. 부처는 '자비(慈悲)'라는 가치, 누구나 불성을 가진 부처라는 진리를 설파하는 것을 목표로 삼았다. 니체는 기존의 권위, 허상을 부숴버리는 것을 자기 소명의 하나로 정의했다. 그래서 자신 있게 말했다. '나는 다이너마이트다'라고. 대단한 성인이나 현자들만 소명을 가지는 것이 아니다. 인간은 누구라도 자기 삶을 가치 있게 하는 소명을 찾고 정의할 수 있다. 당신은 '나는 무엇이다'라고 정의할 수 있는가?

문제의식 없이
잠에 취해 있지 말라

✳

지혜란 꿈도 꾸지 않고 자는 것이다.
졸음에 겨운 자들은 행복하다. 곧 곯아떨어질 테니.

『차라투스트라는 이렇게 말했다』

　　여기서 '꿈도 꾸지 않고 자는 것, 곯아떨어져 버리는 것'은 문제의식 없이 잠에 취해 있는 것이다. 많은 이들의 찬사를 받는 지혜를 비판 없이 받아들이는 것이다. 세속의 지혜란 기존에 공고하게 구축된 세계를 의심하지 말고 받아들이는 것이다. 그 속에서 잘 먹고, 잘 사는 것을 가르친다. '왜?'라는 의문을 품지 말고 주어진 현실은 '어쩔 수 없으니' 그저 따라가라는 것이다. '닥치고 ~하라'는 식의 가르침. 그런 가르침만을 따르는 삶은 어쩌면 행복할지도 모른다. 고민할 필요 없고, 싸울 이유도 없다. 눈총받을 일도 없다. 하지만, '내 삶의 의미'를 알 수 있을까?

부정적인 관념을
강화하지 말라

✴

도덕은 부단히 가공된다.
사람들은 원인과 결과의 관계, 죄와 벌의 관계를 뒷받침하는
예들을 덧붙여 이런 관계가 근거가 잘 갖춰진 것임을
확인하고 믿음을 강화한다.

『아침놀』

세상의 지배적인 믿음과 관념은 '나의 성장'에 도움이 되는 것
도 있고 그렇지 않은 것도 있다. '근면, 성실, 신뢰'와 같은 것은 일
반적으로 도움이 될 수 있다. 하지만, '흙수저로 태어났으니 이번
생은 망했다', '어차피 노력해도 안 된다'와 같은 관념은 도움이 되
지 않을 수 있다. 이런 부정적인 관념들은 체험과 사례를 통해 강
화된다. 반대로, 긍정적이고 나를 살리는 관념도 실제 사례를 통
해서 강화될 수 있다. 예를 들어 '나는 무엇무엇을 언제까지 한다'
는 긍정적인 확언을 하면서 그것을 이룬 경험이 하나둘 쌓이면
그런 관념을 당연하게 여기게 된다. 어떤 관념을 강화할 것인가?

주장을 할 때는
명확한 근거를 생각하라

✳

사람들은 찬성이나 반대의 근거에 대해 사전에 충분히 의식하지 않거나,
나중에라도 생각하는 노력을 기울이지 않는다.
그저 이런저런 믿음에 따라 살아가는 것이
경멸할 만한 일이라 생각하지 않는다.

『즐거운 학문』

사람들은 찬성이나 반대의 의견을 밝힐 때, 그에 대한 명확한 근거를 생각하지 않는 경우가 많다. 니체는 이것을 지적 양심이 결여된 상태라고 보았다. 세상일에 대해 어떤 주장을 하려면 근거를 충분히 생각해 보아야 한다. 별다른 근거 없이 어떤 주장에 동조하는 것은 그저 남들이 그렇게 하기에 따르는 것이다. 지적인 게으름의 증명이다. 니체는 사람들에게 지적인 양심을 요구했을 때 긍정적인 반응을 얻기 힘들다고 말했다. 그럴 때면 많은 사람이 북적대는 도시에 있더라도 홀로 사막에 있는 것처럼 여겨질 정도의 고독을 느낄 수 있다.

기존의 권위에
매몰되지 말라

❋

마음대로 할 수만 있다면, 나는 모든 역사책을 불태워 버릴 뿐 아니라,
미술관 벽에 걸린 유명한 그림들을 모조리 뜯어내 버리고,
도서관에 꽂힌 책들을 모두 뽑아내어
밀폐된 지하실에 적어도 백 년은 처박아두겠다.

『니체 자서전』

 니체는 문헌학자로서 열심히 책을 읽었다. 당시에 새롭게 발견된 과학적인 지식을 얻는 것에도 매우 적극적이었다. 하지만, 사람들이 책을 읽기만 하는 것에는 반감을 가졌다. 왜냐하면 사람들이 아무런 비판 의식 없이 책만 읽으면서 기존의 권위를 그대로 받아들이는 것을 싫어했기 때문이다. 그런 독서는 각자의 발전에 아무런 도움이 되지 않는다. 책뿐만 아니라 예술도 예전의 권위에 매몰되는 것을 경계했다. 모든 사람이 항상 창조하는 자가 되기를 바랐다.

관습적인 우상을
파괴하라

✳

날랜 원숭이들이 기어오르는 것을 보라!
서로 뒤엉켜 기어오르다 진창과 심연에 떨어진다.
왕좌에 오르면 행복하리라는 것이 원숭이들의 망상이다!
왕좌 위에 진창이 있고, 그 왕좌가 진창 위에 있기도 한데 말이다.

『차라투스트라는 이렇게 말했다』

인간은 국가, 권력, 종교 등 수많은 우상을 만들어 낸다. 니체
는 사람들이 이런 우상을 파괴하기를 바랐다. 원숭이들이 맨 윗
자리를 차지하려고 기어오르다가 서로 뒤엉켜 굴러떨어지는 모
습을 상상해 보라. 끔찍하지 않은가? 맨 윗자리가 별것 아닌 진창
과도 같은 것이라면 그렇게 기를 쓰며 올라갈 필요 없다. 하지만
우리는 자기도 모르게 관습과 고정관념들에 짓눌려 나의 건강한
삶과는 크게 관계없는 우상들을 좇고 있는지도 모른다. 내가 추
구하는 것들을 잘 살펴보라. 그 본질이 나의 진정한 건강과 관계
없는 우상은 아닌가?

타인의 판단을 받아들이기만 하면
성장하기 힘들다

✳

어떤 의견도 내세우지 않음으로써
영혼을 불안에서 벗어나게 하는 것은 자신에게 달려 있다.
왜냐하면 사물은 본성상 우리에게 판단을 강요할 수 없기 때문이다.

｜

『아침놀』

아침에 일어나서 가장 먼저 하는 일은 무엇인가? 출근하는 직장인들은 버스 안에서, 지하철 속에서 무엇을 할까? 아마 많은 이들이 뉴스를 읽거나 볼 것이다. 세상을 '권위 있게' 풀이해 주고 편집해 주는 사람들의 말에 너무 귀를 기울이지 말자. 대부분 불안감과 두려움을 조장하는 말이다. 사건을 있는 그대로 허용하고 경험하자. 세상일 하나하나에 너무 많은 의미를 부여하고 판단하지 말자. 판단하더라도 내가 내 정신으로 해야 한다. 남이 판단한 것을 따라가면 자기 삶을 제대로 살아갈 수 없다.

새로운 것에서
눈을 돌리지 말라

✳

어리석은 겸손에 사로잡힌 사람은 새로운 것이 눈에 띄면
"이것은 결코 진리일 리가 없다."라고 말한다.
그것에 좀 더 예민하게 눈과 귀를 기울이는 대신
겁먹고 그것에서 달아나, 가능한 한 서둘러 머리에서 내몰아버린다.

│

『즐거운 학문』

사물을 있는 그대로 보지 않고, 자기가 가진 낡은 프레임으로만 보려고 하는 사람들이 있다. 그들은 변화를 거부한다. 보고 싶은 것만 보고, 듣고 싶은 것만 듣는다. 같은 상황에 대해서도 자기 입맛에 맞는 것만 왜곡해서 받아들인다. 세상에는 그런 사람들이 가득하다. 일반적으로 받아들여진 의견, 자기가 선택한 관점과 일치하는 것만 보려는 것이다. 사물을 '있는 그대로' 보는 것은 아주 빼어난 능력이다.

날아가는 자가
가장 많은 미움을 받는다

✺

그대가 높이 오를수록 시샘의 눈초리에 그대는 더욱 작아 보인다.
날아가는 자가 가장 많은 미움을 받는다.

『차라투스트라는 이렇게 말했다』

날아가는 자, 군중의 상식을 뛰어넘는 자는 미치광이 취급을 당하거나 시샘을 받기 쉽다. 예수, 석가, 공자, 소크라테스 4대 성인의 공통점은 당대에 존경도 받았지만, 많은 미움도 받았다는 것이다. 눈이 있는 사람들은 그들의 가치를 알아보고 따랐다. 하지만, 그렇지 않은 사람들에게는 시샘의 대상이었다. 소크라테스나 예수는 미움을 받는 정도가 아니라 죽임까지 당하기도 했다. 그런 부당함은 자기 삶의 몫이다. 세상 모든 사람에게서 정의로운, 공정한 대우를 받기를 기대하지 말자. 각자의 인식의 한계 때문에 나의 가치를 인정하지 못하는 사람은 어디에나 존재한다.

변하는 것에
지나치게 정신을 빼앗기지 말라

❋

모든 이가 매일 정치적, 경제적인 일에 대해 알아야 한다고
믿을 뿐만 아니라, 자기의 고유한 일을 돌보지 않는다는 것은
우습기 짝이 없는 거대한 광기다.

|

『아침놀』

뉴스에 빠지지 말라. 대신 고전을 손에 들어라. 변하는 것, 변하지 않는 것 모두 중요하다. 하지만, 우리는 변하는 것에 지나치게 정신을 빼앗기고 있다. 그러면서 정작 중요한 것을 잊고 있다. 중요한 것은 무엇인가? 바로 자신과의 대화, 삶의 방향성을 부여하는 것, 소명을 찾는 것이다. 시시콜콜한 정치적인 이슈와 경제적인 변화에 민감하게 반응하고, 그 잡다한 지식을 알아서 무슨 소용이 있단 말인가? 자기를 돌보지 않으면서 외부의 이야기에 정신을 빼앗기고 있는 그들에게 한마디 해주고 싶다. 친절한 금자씨의 입을 빌려, "너나 잘하세요."

고립을
두려워하지 말라

✳

주변 사람들이 차가운 눈길을 보내고, 입을 일그러뜨리면
가장 강한 사람도 두려워한다.
대체 무엇을 두려워하는 것일까? 고립이다!

|

『즐거운 학문』

고립감, 무리에서 벗어날지도 모른다는 두려움은 인간의 근원적인 감정이고, 힘이 세다. 160만 년 전에서 1만 년 전 사이, 인류는 비교적 평탄한 시절을 보냈다. 큰 변화 없이 무리 지어 수렵과 채집 생활을 한 것이다. 그 시절 집단에서 배제된다는 것은 생존에 심각한 위협이 되었다. 집단과 다른 의견을 내고, 다른 관점에서 바라보는 것, 집단에서 고립되는 것. 이런 것이 두려운 이유는 무리 본능, 생존 본능 때문이다. 하지만, 그런 본능에만 익숙해지면 창조적인 존재가 될 수 없다.

.

스승이라는 권위를
때려 부숴라

✻

언제까지나 학생으로 남아 있는 자는
스승에게 제대로 보답하는 것이 아니다.
스승을 버리고 그대들 자신을 찾도록 하라.

|

『차라투스트라는 이렇게 말했다』

니체는 개인의 창조성을 짓누르는 모든 권위를 부정한다. 임제종(臨濟宗; 중국 불교 선종 5가의 한 파)의 개조(開祖)인 의현(義玄) 선사는 "부처를 만나면 부처를 죽이고, 조사를 만나면 조사를 죽이고, 나한을 만나면 나한을 죽이고, 부모를 만나면 부모를 죽이고, 가까운 친척을 만나면 친척을 죽여라."라고 말했다. 스승은 밟고 올라가야 하는 계단과 같은 것이지, 우상으로 숭배해야 하는 대상이 아니다. 스승의 메시지를 들어야지 스승을 바라보아선 안 된다. 껍데기를 숭배하다 보면 그 실질을 보지 못하고 평생 겉만 핥게 될지도 모른다. 스승이라는 권위를 망치로 때려 부숴라.

우상을 물리치는
'못된 눈길'을 가져라

✳

세상에는 진짜보다 우상이 더 많다.
이것이 이 세계에 대한 나의 '못된 눈길'이다.

『우상의 황혼』

'진짜'는 자기의 운명을 사랑하고 스스로 창조하는 것이다. 자기 생각에서 비롯된 것이다. 우상은 모방이고 가짜다. 역사적인 권위로 단단히 무장하고, 우리에게 굴종을 강요하는 그 무언가다. 니체는 이성만을 중요하게 생각하는 철학, 왜곡된 그리스도교, 국가라는 관념, 교육 등을 우상으로 보았다. 그런 우상을 물리치려는 눈길을 '못된' 것이라 했지만, 사실 그런 시선이야말로 창조적인 인간, 초인의 것이다. 우상을 숭배하는 어리석음을 벗어나라. 진짜를 보는 눈을 가져라. 지금 당신에게는 어떤 우상이 있는가?

교육받은 것을
그대로 받아들이지 말라

✳

인간은 오류에 의해 교육받았다.
첫째, 자신을 불완전한 존재라 여겼다.
둘째, 자기에게 꾸며낸 속성을 부여했다.
셋째, 동물, 자연과의 관계에서 자신의 서열을 잘못 정했다.
넷째, 선의 목록을 만들어, 이것을 영원하고 무조건적인 것으로 받아들였다.

『즐거운 학문』

우리가 배운 것이 모두 맞는 것인지는 검증해 보아야 한다. 니체는 네 가지 오류를 지적했다. ①인간에게는 무한한 잠재력이 있음에도 불구하고, 스스로 한계가 있는 존재로 인식했다. ②있는 그대로 자신을 보지 못하고 꾸며댔다. ③다른 동물들과 달리 인간만이 특별히 뛰어난 존재라 여겼다. ④도덕률을 만들어 스스로 옥죄었다.

자유로운 정신으로 살아가려면 니체가 지적한 이런 관념들은 철저하게 검증해 보아야 한다. 교육은 그 시대의 지배적인 관념을 전수하는 것이기 때문이다.

남을 끌어내리려는 사람을
멀리하라

✳

타인을 처벌하려는 욕구가 강한 자들을 믿지 말라!
인간을 복수심에서 구해내는 것, 그것이 나에게는
최고의 희망에 이르는 다리이며, 오랜 폭풍우 뒤의 무지개다.

『차라투스트라는 이렇게 말했다』

니체는 입으로 정의와 평등을 외치면서 자기 생각만이, 기존
의 우상만이 옳다고 여기고 타인을 단죄하려는 자들을 '타란툴라
(Tarantula; 열대·아열대 지방에 사는 독을 가진 대형 거미)'라고 했다.
그들의 평등에 대한 의지는 복수심일 뿐이다. 자기와 평등하지
않은 자들에게 복수하는 것, 위버멘시의 길을 가는 자들, 상승하
는 자들을 끌어내리는 것이 징벌의 목적이다. 성장하고 성공하는
사람들을 응원해 주고, 자기도 성장하기 위해 노력하는 모습이
건강한 정신을 가진 사람의 행동이다.

두려움에 떠는 자들의
껍데기에 속지 말라

✸

의식(儀式; ritual), 신분을 알려주는 옷, 엄숙한 표정,
근엄한 눈초리, 느린 발걸음, 완곡한 어법,
그리고 위엄있다고 불리는 모든 것은
실제로 두려움에 가득 찬 사람들이 자신을 위장하는 방식이다.

|

『아침놀』

내실이 약한 사람일수록 겉으로 과하게 드러내려고 한다. 미친 듯이 짖어대는 개는 용감해서 짖는 것이 아니라 무서워서 그렇게 한다. 정말로 두려움이 없는 사람은 의식이나 껍데기, 위엄이 필요치 않다. 있는 그대로 솔직하고 소박한 모습으로 세상을 살아가도 자신에게 맞는 대우를 받는다. 열어보면 별것 아닌 선물 포장이 화려하기 마련이다. 두려움을 들키지 않으려고 자신을 위장하는 사람의 겉모습에 속지 말라.

나를 가두려는 권위에
도전하고 넘어서라

✳

그들은 나에게 계단이었고, 나는 그 위로 올라갔다.
나는 그들을 넘어서야만 했다.

『우상의 황혼』

헤르만 헤세의 작품『데미안』에는 주인공 싱클레어가 밝은 세상인 아버지의 세상에 처음으로 반항하는 장면이 나온다. 싱클레어는 크로머라는 불량배에게 덜미가 잡혀 이러지도 저러지도 못하는 자기 속마음도 모르고 젖은 신발만 보고 꾸짖는 아버지의 모습에 적대감을 느낀다. '그것은 아버지의 권위에 내가 새긴 최초의 칼자국이었다.' 그 사건은 유년기에서 청년기로 넘어가기 위한 필연적인 것이었다. 아버지, 선생님, 교과서, 뉴스 등. 세상의 권위는 내가 올라가야 할 계단이지, 내 한계가 아니다. 세상의 권위를 뛰어넘어라. 성장과 발전을 위해 권위의 극복은 필연이다.

모호하게
자신을 꾸미지 말라

✳

자신을 깊이 있게 아는 자는 명료함을 얻으려 애쓴다.
대중에게 자신을 깊이 있게 보이려는 자는 모호함을 얻으려 한다.

『즐거운 학문』

'~인 척' 꾸미려는 사람은 명확하게 자신을 드러내 보이지 않는다. 신비주의 이미지로 자신을 포장하거나, 어떤 질문에 대한 대답도 애매하게 한다. 사실 속에 든 것이 별다를 게 없기 때문이다. 자기에 대해 깊이 있게 알지 못한다. 대중은 즉각적으로 실체를 파악하기 힘든 것에 대해 깊이 파고들려 하지 않고 뭔가 '있어 보이는' 것에 후한 점수를 준다. 모호한 것으로 본질을 흐리고 명성을 얻으려 하지 말라. 오히려 고수들의 말이나 행동은 자기 본질을 그대로 드러내 보인다. 명료하고 간단하다.

익숙한 것을
삐딱하게 바라보자

✳

결혼을 긍정하는 이유는,
첫째, 우리가 아직 결혼에 대해 잘 알지 못하기 때문이고,
둘째, 익숙해졌기 때문이며,
셋째, 이미 결혼했기 때문이다.

|

『아침놀』

사람들은 관습을 받아들인다. 어지간하면 순응하려 한다. 그렇게 살면 편하다. 하지만, 과연 그것에 대해 얼마나 숙고했는가? 예를 들어, 대한민국의 경우 초·중·고등학교에서 열심히 시험 보는 기계가 되어 공부하는 것을 '당연하다'라고 생각한다. 물론 대안학교나 검정고시, 유학 등 다른 학업의 방식을 선택하는 사람들도 있지만 대다수는 순응한다. 그 과정이 행복한가? 그렇다고 대답하는 어른들은 많지 않을 것이다. 그럼에도, 우리는 여전히 학벌주의를 공고하게 만들고 엄청난 규모의 사교육 시장을 유지하고 있다. 결혼이라는 제도 자체에 의문을 품었던 니체처럼, 당연하다고 생각하던 것을 삐딱하게 바라보자.

명성은
하나의 족쇄가 될 수 있다

✳

유명하지 않아서 사람들에게 마음껏 이야기해도 된다는 것이
얼마나 큰 이점인가!
신들이 우리에게서 익명을 빼앗아 유명하게 만든다면
'우리 덕의 절반'을 앗아간 것이다.

|

『아침놀』

유명해지면 일거수일투족이 주목받게 된다. 말 한마디, 행동 하나하나를 신경 쓸 수밖에 없다. 이런 의미에서 명성은 하나의 족쇄다. 사람들은 유명인들에게 '공인'이라는 굴레를 씌워 끊임없이 판단하고, 그들이 생각하는 도덕률이나 고정관념에 반하는 말과 행동을 단죄하기도 한다. 인터넷에서 댓글로 얼마나 많은 비난이 난무하는지 보라. 반면, 유명하지 않다는 것은 족쇄 없는 자유로움이다. 하고 싶은 말을 마음껏 해도 크게 문제 되지 않는다. 유명세로 돈을 벌 수 있을지는 몰라도 일정 부분 자유를 잃을 수밖에 없다.

간결하게
쓰고 말하라

✳

복합문이라는 주름진 의상을 몸에 두르고 질질 끄는 소리를 내는
작가들을 보면 웃음이 난다.

|

『즐거운 학문』

'복합문(複合文)'은 '두 개 이상의 절(節)로 된 문장, 하나의 절이 다른 문장에 들어가 있거나, 두 개 이상의 절이 서로 이어진 문장'이다. 한 마디로 간결하지 않고 길게 늘어진 문장이다. 작가들이 자기 생각이 깔끔하게 정리되지 않거나, 말하고자 하는 것이 명확하지 않으면 글을 길게 늘여 쓰게 된다. 물론 길고 복잡한 문장이 작가의 생각을 오류 없이 잘 표현하는 예외적인 경우도 있다. 하지만, 문장은 짧고 간결해야 한다. 생각이 명확하면 문장도 명확하다. 말도 마찬가지다. 정리된 생각을 바탕으로 간결하게 말해보자.

건전한
불신을 가져라

✳

건전한 불신을 가져라.
보다 높은 인간들이여, 용감한 자들이여! 숨김없는 자들이여!
누군가 반대 근거를 제시하더라도
천민들이 한때 근거 없이 믿게 된 것을 뒤엎을 수 있겠는가?

『차라투스트라는 이렇게 말했다』

니체가 말하는 '천민'은 '초인'과 반대되는 개념이다. 생각하지 않고, 우상과 권위에 도전하지 않고 순응하는 자들이다. 생각하는 능력, 창조력, 비판력을 상실한 존재다. 건전한 불신을 가져라. 용감한 자들, 솔직한 자들은 사물과 현상을 '있는 그대로' 본다. 어떤 주장을 하더라도 자기만의 근거와 이유가 있다. 기존의 권위나 프레임에 굴복하지 않는다. 불신하고 검증한다. 그렇게 하려면 용기가 필요하다. 누군가가 어떤 사실이나 가치를 당신에게 강요한다면 건전하게 불신하라.

의식의 감옥에서
탈출하라

✳

인간은 저마다 고유한 길이와 넓이와 깊이를 가진
의식(意識)에 갇힌 죄수로 태어난다.

『니체 자서전』

각자가 가지고 있는 의식의 감옥은 단단하다. 사람들은 세상에 의해 만들어지고 자기가 스스로 강화해 가고 있는 감옥에 갇혀있다는 사실 자체를 깨닫지 못한다. 니체는 의식이라는 감옥에서 탈출하는 것보다 죽는 게 더 빠를지도 모른다고까지 말한다. 이 감옥은 매우 견고하며, 경험을 통한 확신으로 그 벽은 더욱더 단단해진다. 결국에는 그 속에서 빠져나오지 못하고 생을 마감하는 경우가 대부분이다. 인간의 역사는 이 감옥의 벽에 칼자국을 내는 여정은 아닐까?

욕망은
우리를 해방시킨다

✳

욕망은 우리를 해방시킨다.
욕망은 곧 창조이기 때문이다.
우리가 배워야 하는 이유는 오직 창조하기 위해서다!

『차라투스트라는 이렇게 말했다』

창조를 위한 욕망은 건강하다. 결핍된 것을 그저 수용하는 것이 아니라, 결핍에 대한 저항과 반발로 욕망하는 것은 엄청난 에너지다. 그 에너지가 남의 것을 빼앗는, 건강하지 않은 방향으로 흐르지 않고, 새로운 것을 창조하는 힘으로 작용한다면 그 욕망은 건강하다. 욕망하지 않으면 행동하지 않고, 행동하지 않으면 아무 일도 일어나지 않는다. 욕망을 실현하기 위한 분투와 노력이 우리의 창조성을 깨운다. 봉인된 우리의 잠재력을 해방하는 열쇠가 될 수 있는 것이다.

2장

·

나를 바로 세우기

자기만의
길을 가라

✳

자기만의 길을 걷는 자는 아무도 만나지 못한다.
그를 도우러 오는 사람은 아무도 없다.
모든 것을 그는 홀로 해결해야 한다.

『아침놀』

　　자기 자신만의 길을 가는 사람은 고독하기 마련이다. 아무도 그가 가려고 하는 길이 무엇을 의미하는지 알 수도, 이해하기도 힘들다. 그래서 선의를 가진 사람이라도 도와줄 수 없다. 적대감을 가진 사람은 말할 것도 없다. 누군가 태양이 지구를 도는 것이 아니라, 지구가 태양 주위를 돈다고 했을 때 얼마나 많은 이들이 손가락질했던가? 내 인생에 정답은 없다. 나만의 길을 가야 한다. '네 삶을 살아라'라는 말은 죽기 직전, 많은 이들이 처절하게 공감하는 말이다.

깊이
생각하며 읽어라

＊

오늘날은 책을 성급하고 품위 없이
곧장 읽어 해치우는 속전속결의 시대다.
나는 깊이 생각하며 결론을 성급하게 내리지 않고,
섬세한 손과 눈으로 전후를 고려하며 읽을 것을 가르친다.

|

『아침놀』

일 년에 백 권의 책을 성급하게 읽어 치운다고 한들, 천천히 스스로 생각하면서 읽지 않으면 남는 것이 없다. 이미 나와 있는 것을 그대로 흡수하는 것은 인공지능(AI)이 훨씬 더 잘할 수 있다. 인간의 가치는 이제 잘 외우고 스펀지처럼 흡수하는 것에 있지 않다. 나의 머리로 생각하며 읽어라. 소비하지 말고 생각하면서 자신만의 생각을 생산하라. 그것이 남의 노예가 되지 않고 주인이 되는 길이다.

자신의
삶을 살아라

✳

가치평가는 자기 것이거나 받아들인 것인데, 대부분 후자다.
우리는 그것들이 본래 자기 것인 듯한 태도를 취하는 게
상책이라고 생각한다.

|

『아침놀』

　우리는 어릴 때부터 타인의 관점을 받아들이는 환경에 노출
되었다. 부모를 비롯한 가족, 선생님, 친구들로부터 '이것은 하면
안 돼', '이건 좋은 것, 저건 나쁜 것'이라는 관점을 그대로 받아들
였다. 행여나 의문을 제기하면 쓸데없는 것을 묻는다고 면박을
주거나 왕따를 당하기도 한다. 나는 하기 싫은데 부모나 친구, 주
변 사람들이 좋아하니까 한 일이 얼마나 많은가? 그렇게 하지 않
았을 때 겪을 곤란함이 두렵기에 무비판적으로 타인의 관념과 취
향을 받아들이는 데 익숙해져 온 것이다. 늦지 않았다. 지금부터
라도 자신의 삶을 살아라.

내 삶의 의미는
스스로 판단하자

✳

우리가 행하는 것은 결코 이해되지 않는다.
항상 칭찬받거나 비난받을 뿐이다.

『즐거운 학문』

니체에게 많은 영향을 받았던 헤르만 헤세는 『데미안』 서문에서 이렇게 썼다. '우리가 서로를 이해할 수는 있지만, 삶의 의미는 자기 자신만이 판단할 수 있다.' 우리는 다른 사람들의 행동에 대해 '왜 이렇게 했을까?'라는 따뜻한 관심으로 이해하려 하기보다 평가하려고 한다. 아무리 가까운 사이라도 타인에 대한 진정한 이해에 도달하기는 힘들다. 각자 삶의 진정한 의미는 남들의 입에서 판단되는 것이 아니다. 자기 자신만이 알 수 있다.

너 자신이
되어야 한다

✳

너의 양심은 무엇이라 말하는가?
"너는 너 자신이 되어야 한다."

『아침놀』

'양심을 거스르는' 말과 행동을 할 때 우리는 '자신을 잃은 듯한' 느낌을 받는다. 이익을 얻기 위해, 손해를 피하려고 그런 행동을 하고 나서는 들통날까 노심초사하고, 당당하지 못하다. 어떤 행동을 할 때 그렇게 하는 자기 모습을 관찰자의 입장으로 바라보라. "이것이 정말 나인가? 나는 이런 행동을 정말 거리낌 없이 하는 존재인가?" 이런 질문을 던져보면 해야 할 일인지, 그렇지 않은지 명확하게 판단할 수 있다. 우리는 삶의 어느 순간에도 우리 자신이 되어야 한다.

나는
유일한 존재다

✳

나는 합창하는 수백만의 목소리 중 유일한 목소리요,
수천 가지 사상 중 유일한 사상이고,
혜성과 유성들이 난무하는 우주에서 육체를 입은 유일한 심장이다.

|

『니체 자서전』

니체의 이 말을 보면 석가모니 부처의 탄생게(誕生偈)가 떠오른다. '천상천하유아독존(天上天下唯我獨尊)', '하늘 위와 하늘 아래, 오직 내가 홀로 존귀하다'라는 말이다. 여기서 '나'는 석가모니 자신만을 가리키는 말이 아니다. 모든 인간 존재의 존귀함을 상징하는 것이다. 니체의 '나'도 니체 자신만을 가리키지는 않을 것이다. 우리 각자는 이 우주에서 유일한 존재이다. 독특한 개성을 가진 존재다. 외부의 다른 것들을 기웃거리지 말라. 내 존재 그대로 살아도 괜찮다.

지혜를 얻으려면
용기를 내자

✸

지혜는 여인이라서 언제나 용사만을 사랑한다.

『차라투스트라는 이렇게 말했다』

깨달음과 지혜를 얻기 위해서는 얌전한 샌님이 되어서는 안된다. 자기를 짓누르고 있는 고정관념이나 관습과 같은 것에 때로는 난폭하게 저항해야 한다. 과감하게 틀을 깨부수고 도전해야 한다. 전설에 따르면, 선종(禪宗; 참선 수행으로 깨달음을 얻는 것을 중요시하는 불교 종파)의 2대 조사(祖師) 혜가(慧可)는 스승인 달마(達磨) 선사에게 가르침을 받기 위해 눈 속에서 팔을 자르는 결단을 보여 주었다. 우리는 인터넷에서 클릭 몇 번만으로 지식을 얻을 수 있는 시대를 살고 있다. 하지만, '진짜'를 얻으려면 용기를 내야 한다.

자기 생각을
생산하라

✳

책을 그냥 '뒤적거리는' 자는
결국 스스로 생각하는 능력을 완전히 상실해 버린다.

『이 사람을 보라』

'책만 뒤적거린다'라는 것은 내 생각 없이 남의 것을 그저 수용한다는 것이다. 때로는 남의 생각을 받아들여야 할 때도 있지만, 그것만 하는 사람은 발전이 없다. 자기 생각을 생산해 내는 것이 인간의 의무다. 자기 철학을 가져야 한다. 자기만의 창조적인 사유 능력을 계발해야 한다. 남의 것만 받아들이다 보면 창조적인 힘을 잃어버린다. 미라클 모닝을 한다고 일찍 일어나서 남의 생각만 흡수하는 것은 잘못된 습관일지도 모른다. 새벽에 독서만 하지 말고 글을 써라.

홀로 고요한 시간을
의미 있게 보내자

＊

한창 일할 때는 인생과 존재에 대해 판단할 여유가 없다.
즐기고 있는 동안에도 마찬가지다.

│

『아침놀』

일상의 분주함에 정신을 빼앗기거나 즐기는 것에 몰입해 있으면 자신의 존재에 대해 숙고하기 힘들다. 분주함을 벗어나 고요해졌을 때, 정신적인 여유가 있을 때, 비로소 내면과의 대화를 시작할 가능성이 있다. 자기 인생과 존재에 대해서 숙고할 여유가 생기는 것이다. 고독하다고 해서 항상 자신을 들여다볼 수 있는 것은 아니다. 당신은 홀로 있을 때 무엇을 하는가? 혼자서 스마트폰을 만지작거리면서 시간을 보내거나 남의 SNS를 들여다보고 있다면 여전히 에고(Ego)로 존재하는 것이다. 글을 쓰거나 명상하는 등, 내 안을 탐색하는 활동을 해보는 것은 어떨까?

자신에게
부끄러움을 느끼지 않는 것이 자유다

✳

자유를 획득했다는 징표는 무엇인가?
더 이상 자신에게 부끄러움을 느끼지 않는 것이다.

|

『즐거운 학문』

자유롭다는 것은 무엇인가? 여러 가지로 정의할 수 있겠지만, 어떤 정의에서든 공통적으로 찾을 수 있는 자유의 속성이 있다. 그것은 바로 '어디엔가 얽매이지 않는 것, 남에게 구속되지 않는 것'이다. 즉, 나 이외의 어떤 것에 흔들리지 않고, 거리낌이 없는 것, 무애(無碍)의 경지다. 나의 자유를 방해하는 가장 큰 장애물은 무엇인가? 그것은 바로 자기 자신이다. 자신에게 부끄럽지 않은 것이 바로 자유다. 어떤 것을 판단해야 하는 상황에서 자신에게 이것을 꼭 물어보자. "이 결정을 내렸을 때 나 자신에게 부끄럽지 않은가?"

인간은
극복되어야 하는 존재다

*

나는 그대들에게 위버멘시를 가르치러 왔노라.
인간은 극복되어야 하는 존재다.
그대들은 인간을 극복하기 위해 무엇을 했는가?

『차라투스트라는 이렇게 말했다』

당신은 만약 십 년 전으로 돌아갈 수 있다면 돌아가겠는가? 긍정적인 대답을 하더라도 이런 전제 조건을 생각할 것이다. '지금의 정신상태 그대로 갈 수 있다면'. 좋든 싫든 십 년간 겪은 경험은 당신을 성장시켜 왔다. 지금의 나는 앞으로 십 년 뒤에 어떻게 될까? 인간은 멈춰있는 존재가 아니다. 언제나 극복되어야 할 무엇이다. 니체가 말하는 위버멘시는 어떤 목표가 아니다. 삶이란 점수를 백 점 받으면 초인이 되고 끝나버리는 시험이 아니다. 힘에의 의지로 끊임없이 성장해 가는 것이 위버멘시의 길이다. 자기 극복을 시도하지 않는 삶은 고통스러운 수치다.

오직 자신만을
충실히 추종하라

✳

오직 너 자신만을 충실히 추종하라.

『즐거운 학문』

'난 오직, 진정 내 안에서 솟아 나오는 번뜩임을 따라 살려 했다. 왜 그것이 그토록 힘들었을까?' 헤르만 헤세의 『데미안』 서문에 나오는 말이다. 남의 방식과 말이 도움이 될 수는 있다. 그리고 어느 정도 수준까지는 그 길을 그대로 따라가는 것도 좋은 방법이다. 하지만 홀로 우뚝 서려면 자기만의 길을 찾아야 한다. 모든 인간에게는 자기 자신에게 가는 길을 찾는 오직 하나의 소명이 있을 뿐이다. 남을 추종하지 말고, 자신을 충실히 추종하라.

어설픈 관계보다는
고독을 선택하라

✳

고독이 필요하다.
회복, 자신에게로 되돌아옴, 자유롭고 가볍게 유희하는
공기의 숨결이 필요하다는 것이다.

|

『이 사람을 보라』

관계는 중요하다. 우리 삶은 좋은 관계를 통해 꽃피운다. 하지만, 상대방과의 관계가 서로의 성장을 방해한다면 어떨까? 상대방의 의도가 순수하지 않다면? 자기 푸념이나 늘어놓으면서 내 시간과 에너지를 빼앗거나, 나를 온전한 상대로 대하지 않고 이용하려고 한다면? 순수하지 않은 인간들과의 '순수한' 공감은 불가능하다. 쓸데없는 관계에 에너지를 소모하는 것보다는 고독 속에서 자신에게로 돌아가는 것이 더 중요하다.

끊임없는 성장이
인간 존재의 본질이다

✳

인간이란 짐승과 초인을 연결하는, 심연 위에 걸린 하나의 밧줄이다.
저편으로 건너가는 것도, 도중에 있는 것도, 뒤돌아보는 것도,
벌벌 떨거나 멈춰있는 것도 위험하다.

│

『차라투스트라는 이렇게 말했다』

일단 자전거를 타고 출발했다면 넘어지지 않기 위해 계속 앞으로 가는 방법밖엔 없다. 중간에 애매하게 속도를 줄이거나 뒤돌아보면 흔들리다 넘어지기 쉽다. 인간은 자기 성장의 길을 가는 존재인지도 모른다. 니체는 '초인'을 제시했다. 초인으로 가는 길에서 머뭇거리면 위험하다. 편안함, 안정감, 안전함과 같은 가치를 추구하는 것은 심연 위에 걸린 밧줄에서 멈춰버리는 것과 같다. 끊임없는 성장이 인간 존재의 본질이다.

타인의 평판에
의존하지 말라

✳

사람들은 평판보다 양심을 더 쉽게 내던진다.

|

『즐거운 학문』

자기가 가진 생각에 관한 판단 능력을 '메타인지(meta認知)'라고 한다. 자기 생각 자체를 그대로 수용하는 것이 아니라 검증하는 능력이다. 이 개념을 확장하면 '나는 이런 사람이다'라고 스스로 검증하고 정확하게 인지하는 것도 자신에 대한 메타인지라고 할 수 있다. 니체는 사람들이 보통 자기가 스스로에 대해 인지하는 것보다 남들의 평가에 더 신경 쓰고 흔들리는 점을 꼬집어 말했다. 남들이 나를 어떻게 생각하든 그게 무슨 상관인가? 타인의 평판에 의존하지 말고 나의 양심과 판단에 의존해야 한다.

흔들리는 자신을
사랑하라

✳

인간을 사랑할 수밖에 없는 이유는 그가 건너가는 존재이며,
내려가는 존재라는 데 있다.

│

『차라투스트라는 이렇게 말했다』

괴테는 『파우스트』에서 '인간은 노력하는 한 방황한다'라고 말했다. 완성된 인간은 없다. 자기 성장을 위해 노력하는 것이 인간이다. 그런 불완전한 모습, 노력하는 모습, 몸부림치는 모습이야말로 인간적이다. 이쪽에서 저쪽으로 건너가려고 노력하는 모습, 그러면서 방황하는 인간적인 모습을 사랑할 수밖에 없다. 완전하지 않은 우리 각자의 삶을 온몸으로 껴안고 사랑해야 하는 이유다. 흔들리더라도 좌절하지 말자. 이 흔들림은 더 창조적인 존재가 되기 위한 통과의례다. 흔들리는 자신을 사랑하라.

자신을
허비하지 말라

✳

나는 왜 이렇게 영리한가?
나는 결코 문젯거리가 아닌 것을 숙고한 적이 없으며,
자신을 허비하지 않았다.

│

『이 사람을 보라』

니체가 스스로 영리하다고 하는 점이 재미있다. 니체는 왜 굳이 이렇게 겸손이라고는 하나도 없는 말로 우리 속을 긁어대는 것일까? 우리의 일상을 돌아보자. 아침에 눈을 뜨면 가장 먼저 무엇을 하는가? 직장인이라면 퇴근 후 씻고 나서 무엇을 하는가? 무심코 스마트폰을 보거나 텔레비전을 시청하지 않는가? 그런 것이 나쁘다는 것이 아니다. 명상, 독서, 글쓰기와 같은 고상한 취미생활만이 좋다고 말하는 것도 아니다. 최소한 나의 시간을 낭비하지는 말자는 것이다. 우리는 습관적으로 시간과 정신적인 에너지를 오락거리에 소모하고 있는지도 모른다. 영리해지려면, 나답게 살려면 시간을 내 의도대로 쓰는 것이 먼저다.

고독은
형벌이 아니다

✴

인류에게 자신을 혼자라고 느끼는 것만큼 두려운 것은 없었다.
'개인이 된다는 것'은 심판받는 것을 의미했다.

|

『즐거운 학문』

아이들이 잘못했을 때 자기 방에 혼자 두고 벽을 보게 하는 벌을 내리는 경우가 있다. 교도소에서 크게 물의를 일으키는 죄수는 독방에 수감된다. 인간은 혼자 있는 것, 혼자라는 느낌을 하나의 형벌이라고 생각한다. 무리를 이루려는 본능 때문에 인간은 혼자가 되는 것을 두려워했다. 하지만, 진정으로 자기 자신이 되고자 하는 사람은 스스로 고독을 선택한다. 고독 속에서 자신과 대화하며, 자기 이해를 높인다. 고독은 온전한 인간이 되기 위한 필수적인 조건이다.

영양가 없는 칭찬과 비난에 무관심해져라

*

칭찬이나 비난에 무관심해져라.
우리의 목적이나 기준이 무엇인지 알고,
우리에게 중요한 칭찬이나 비난을 의미하는 어떤 집단을 스스로 정하라.

『유고』

타인의 칭찬과 비난은 완전히 무시할 수도, 그것에만 흔들릴 수도 없다. 나에게 의미 있고, 성장과 발전에 도움이 되는 의견을 줄 수 있는 사람은 스스로 판단해서 정해야 한다. 가족이라도 내가 하는 일에 대해 정확한 의견을 줄 수는 없다. 특정한 분야에 조언이 필요하다면 그 분야의 전문가나 멘토를 잘 선택하고 그들에게 도움을 구할 수도 있다. 하지만, 영양가 없는 칭찬과 비난에는 무관심한 것이 낫다.

춤추듯 살아가기 위해
혼돈을 품어라

✳

춤추는 별을 낳으려면
내면에 아직 혼돈을 지니고 있어야 한다.

『차라투스트라는 이렇게 말했다』

외부에서 '삶은 이것이다, 이렇게 살아라'라고 정해주는 것을 내 삶에 적용한다고 해서 그것이 완벽하게 나에게 맞는 것은 아니다. 자신만의 삶, 춤추듯 살아가는 삶을 위해서는 혼돈의 시간이 필요하다. 불확실성을 품어야 한다. 물론 그 시간이 고통스러울 수도 있다. 하지만, 그 불확실함, 혼돈을 기꺼이 겪어내지 않으면 자기만의 삶을 살아갈 수 없다. 나의 내면에 아직 혼돈이 있는가? 그렇다면 기뻐하라. 남의 것을 복사하는 삶이 아닌, 내가 주인이 되어 춤추는 나만의 삶을 위한 기회가 있다.

어설픈 대답에
만족하지 말라

✳

나는 너무 호기심이 많고, 의문이 많으며,
오만하여 천박한 대답에 만족하지 않는다.

『이 사람을 보라』

궁금한 것에 대해 질문을 던지고 나서 돌아오는 대답에 의문이 완전히 풀리지 않았음에도 불구하고, 고개를 끄덕이고 마는 경우가 있다. 상대에 대한 예의를 차리기 때문이다. 혹은 끝까지 물어봐야 별다른 답을 기대하기 어렵기 때문이다. 니체는 그 정도로 만족하지 않았다. 어설픈 대답에 고개를 끄덕이지 않고 끝까지 캐묻고 고민했다. 주어진 모든 것에 의문을 품어보자. 세상에서 강요하는 모든 관념에 대해 숙고하자. 그것이 스스로 바로 서는 길이다.

희귀한 사람이
되어라

✴

자신에 의한 가치평가란 어떤 것이 자신에게
'얼마나 쾌감이나 불쾌감을 주는가' 하는 관점에서
그것을 평가하는 것을 의미한다. 이러한 태도는 극히 희귀한 것이다!

｜

『아침놀』

모두가 옳다고 할 때 '나는 다르게 생각한다'라고 말하는 사람
을 보면 어떤가? 사실 매우 자연스러운 현상이다. 각기 다른 생각
을 하는 사람들이 모여 다양한 생각과 느낌을 나누고 사는 것이
건강한 공동체다. 하지만 우리는 타인에게 '모난 돌이 정 맞는다',
'튀지 마'라고 하며 공통의 가치관을 받아들이라고 강요하는 경우
가 많다. 니체는 남의 호불호를 그대로 받아들이지 않고 오로지
자기를 중심으로 좋은지 나쁜지를 판단할 수 있는 사람이 희귀하
다고 했다. 희귀한 사람이 되어라. 모든 가치평가의 중심은 바로
나다. 남들의 생각은 참고만 하자. 그것에 흔들릴 필요는 없다.

창조하는 자는
미움받을 수도 있다

✳

선하고 의로운 자들이 가장 미워하는 자는 누구인가?
그들이 존중하는 가치를 기록한 석판을 부수는 자,
파괴하는 자, 죄를 범하는 자이다.
하지만 그는 창조하는 자다.

『차라투스트라는 이렇게 말했다』

새로운 것을 창조하는 자는 배척당하거나 조롱받을 수 있다. 헤르만 헤세의 『데미안』에는 데미안의 입을 빌려 카인과 아벨에 대한 헤세의 해석이 나온다. 일반적으로 동생 아벨을 죽인 카인에게 죄인의 인처럼 표식이 있다고 여기지만, 데미안은 오히려 카인이야말로 두려움의 대상이었고, 뛰어난 자라고 여겼다. 새로운 관점이나 가치를 창조하는 자는 두려움이나 미움의 대상이 되기 쉽다. 내가 확신 갖고 하는 일을 다른 사람들이 싫어한다고 주눅 들지 말자. 그것은 오히려 지금 창조적인 일을 하고 있다는 증거가 될 수 있다.

자기 모습 그대로
살아라

✸

나는 결코 어떤 것도 자기 모습과 다르게 되는 것을 원하지 않는다.
나 자신도 다르게 되고 싶지 않다.

『이 사람을 보라』

욕망에 사로잡혀 있으면 그것 때문에 사물을 지배하지 못하고, 사물에 집착하고 얽매인다. 자신을 지키지 못하고 흔들린다. 그러면 마음이 편하지 않고 근심이 많아진다. 더 얻지 못하고, 잃지는 않을까 전전긍긍한다. 목표를 위해 많은 것을 희생할 수밖에 없다. 마치 결승선을 향해 돌진하는 경주마와 같다. 니체는 이렇게 재갈 물리고 눈가리개를 하고 앞으로 내달리는 경주마와 같은 삶을 원하지 않았다. 욕망에 잔물결이 일지 않는, 자기를 지키는 삶을 원했다. 욕망을 이기고 자기 모습 그대로 살아라.

아이의 정신으로
창조하라

✳

아이는 순진함이자 망각이고, 새로운 시작이자 유희다.
저절로 굴러가는 바퀴이고, 최초의 움직임이며, 신성한 긍정이다.
창조의 유희를 위해서는 신성한 긍정이 필요하다.

|

『차라투스트라는 이렇게 말했다』

니체는 인간 정신 발달을 '낙타-사자-아이' 세 단계로 제시했다. 낙타는 주인이 등에 싣는 짐을 묵묵히 지고 가는 정신이다. 인내심과 노력하는 자세는 뛰어나지만, 정신적으로는 노예의 상태다. 사자는 기존의 관습이나 외부의 저항을 이겨내는 주체적인 정신이다. 자기를 얽매는 사슬을 끊어버리는 정신이다. 아이는 창조하는 정신이다. 사자의 단계에서만 머무르면 안 된다. 다이너마이트처럼 폭발시킨 뒤에는 새로운 것을 만들어야 한다. 이창조의 단계에서 중요한 것은 아이들이 놀이하듯, 춤추듯 살아가는 것이다.

내면의
진정한 자아를 찾아라

✳

신들에게 기도하지 말라!
차라리 자신에게 기도하라, 그리하여 안타이오스처럼
대지의 흙을 움켜쥐고 전능한 대지의 권능을 받아 강해져라!

『니체 자서전』

　　안타이오스는 그리스 신화에 나오는 거인으로, 바다의 신 포세이돈과 땅의 여신 가이아 사이에서 태어났다. 어머니가 땅의 여신인지라, 땅에 몸이 닿아 있으면 지치지 않고 큰 힘을 얻었다. 니체는 마치 안타이오스처럼 우리가 대지(현실, 삶)에 뿌리를 두고 강해질 수 있다고 보았다. 즉, 대지를 벗어난 피안의 세계에 있는 신을 찾지 말고 자신을 믿으라는 것이다. 우리에게는 신이 될 수 있는 씨앗이 있다. 니체가 제시한 '위버멘시'가 그것이다. 각자의 내면에 진짜 내가 있다. 내면의 진정한 자아를 찾아라.

붙잡더라도
의존하지는 말라

＊

나는 급류가 흐르는 강가의 난간이다.
붙잡을 수 있는 자는 나를 붙잡아라!
하지만 내가 그대들의 지팡이는 아니다.

『차라투스트라는 이렇게 말했다』

　　니체는 의외로 친절하다. 급류가 흐르는 강에서 세찬 강물에
휘말려 가지 않기 위해 자신을 난간 삼아 붙잡으라고 말한다. 완
전한 백지상태에서 생각을 생산해 내고 자기 철학을 세우기는 어
렵기 때문이다. 세상의 권위나 도덕에 저항하기 위해 자신을 본
보기로 삼으라는 것이다. 하지만 자기에게 의존하지는 않길 바랐
다. 걸을 때마다 매번 지팡이를 짚으면 다리에 힘이 붙지 않는다.
인생의 주인으로 살아가기 위해서는 스스로 자기 생각을 펼쳐가
려는 태도가 필요하다.

아는 만큼
보인다

*

책이나 다른 것에서 이미 알고 있는 것보다 더 많이 얻을 수는 없다.
체험을 통해 길을 알지 못한 것에 대해서는,
그것을 들을 귀도 없는 법이다.

|

『이 사람을 보라』

책이나 다른 경험을 통해 얻을 수 있는 것은 각자의 수준에 따라 다르다. 같은 것을 보더라도 어떤 이는 인생을 바꾸는 체험을 할 수도 있고, 어떤 이는 시큰둥하게 넘겨 버릴 수도 있다. 내 철학이 제대로 정리되어 있지 않으면, 다른 사람의 생각을 그대로 따라가거나 전혀 이해하지 못하게 될 것이다. 요즘 많은 이들이 자기 계발에 노력을 기울인다. 남이 제시하는 방법만을 그대로 따르다 보면 원하는 결과를 얻지 못할 수 있다. 내 기준을 명확히 갖고, 갖가지 방법을 제시하는 그 사람의 인생관, 가치관, 철학을 확인하는 것이 현명하다.

마음이 불편할 때는
일단 정지

✳

부자연스러움으로부터 가장 회복이 잘되는 경우는
자기 원래의 본성 안에서이다.

『우상의 황혼』

어떤 일을 할 때 마음이 불편할 때가 있다. '왠지 이건 좀 아닌 것 같은데…' 하는 생각이 드는 것이다. 부자연스럽다. 이럴 때는 일단 멈추고 내면과의 대화를 시도해 보아야 한다. '내가 원하는 일이 맞는가?', '내 가치관과 맞는 일인가?', '무엇이 나를 불편하게 하는가?' 내가 중요하게 생각하는 가치관, 그리고 나의 양심이 인 정할 수 있는 일을 할 때 편안한 마음으로 즐길 수 있다. 춤추듯, 리듬을 타면서 할 수 있다. 그렇지 않다면 당장 멈춰라. 내면과 대화할 시간이다.

남들이 바라는 모습에
맞추려 하지 말라

✳

사람들은 평생 자아를 위해서는 아무것도 하지 않으면서,
자아의 환영(幻影)을 위한 일만 한다.
이것은 주위 사람들의 머리에서 형성되어 전해진 것이다.

|

『아침놀』

'너는 원래 이런 사람 아니니?'라는 주변 사람의 기대를 철저하게 무시해야 한다. 그들이 바라는 모습에 맞추려고 하지 말라. 건강한 이기주의를 추구하라. 타인이 제멋대로 만든 나의 환영에 맞추려고 어릿광대 놀이를 하지 말라. 당신은 당신 그 자신이다. 그 누구도 대체할 수 없는 당신의 삶을 살아가는 것이다. 자아에 관해서는 한 치의 양보도 하지 말라. 절대적으로 건강한 이기주의를 실천하라.

자신의 피로
써라

나는 자신의 피로 쓴 것만 사랑한다.
남의 피를 이해하기란 쉬운 일이 아니다.
그래서 나는 글 읽는 게으름뱅이들을 미워한다.

『차라투스트라는 이렇게 말했다』

여기서 니체가 말하는 '피'는 '고유한 정신'으로 바꿔 읽을 수 있다. 자기의 고유한 정신으로 쓰지 않은 글은 읽을 만한 것이 아니다. 남의 정신을 온전히 이해하기는 힘들다. 각자의 경험이 다르고, 유사한 경험을 했더라도 그 속에서 깨달은 바가 제각각이기 때문이다. 남의 삶을 함부로 평가해서 안 되는 이유이기도 하다. '피'는 그 사람의 '정수(精髓; Original)'다. 베낄 수 없는 것이다. 읽기만 한다고 이해할 수 있는 영역이 아니다. 글을 쓴다면 오직 자신의 경험, 생각, 정신으로 글을 쓰자.

익숙한 오류에서
벗어나라

✳

알려지지 않은 것을 익숙한 것으로 바꾸면 마음 편할 수 있다.
알려지지 않은 것에는 위험, 불안정, 걱정이 수반된다.

|

『우상의 황혼』

사람들은 자신이 처한 상황에 대한 원인을 설명하고 싶어 한
다. '내가 가난한 이유는 무엇인가?'에 대한 '익숙한' 원인은 무엇
일까? '흙수저로 태어났기 때문이다, 아무리 노력해도 부자가 될
수 없다, 사회 시스템의 문제다'라는 '익숙한' 대답 속에서 안심하
고 만족할 수도 있다. 내 책임이 아니라 안심이 된다. 하지만 익
숙하지 않은 원인도 생각할 수 있어야 한다. 틀을 깨고 나와야 한
다. '내가 가난한 이유는 나의 무지, 게으름 때문이다. 100% 나의
책임이다.' 이렇게 생각할 수도 있다. 사실 이렇게 자기에게 원인
을 따져 묻는 사람들이 크게 성장하고 자기 삶을 꽃피우며 살 수
있다.

자신에게 방향을 부여하는
시간을 허용하라

✴

사람들은 젊은이들에게 자신에게 방향을 부여할 수 있는
시간을 허용하지 않고, 오히려 어떤 방향을 받아들이도록
어린 시절부터 그들을 길들였다.

『아침놀』

청소년들을 교육할 때는 스스로 자기 삶의 방향을 잡을 수 있
도록 북돋워 주어야 한다. 하지만, 우리는 자기도 이해하기 어려
운 교육 방식을 여전히 자식 세대들에게 강요하고 있는지도 모른
다. 아이들이 자신을 박탈당하지 않도록 세심하게 배려해야 하지
않을까? 영어 단어 몇 개 외우고 수학 공식을 암기하는 것에 앞
서, 나는 누구인가, 어떻게 살아야 할까?라는 주제를 심도 있게
탐구하는 시간을 주어야 하지 않을까? 스스로 방향을 부여할 힘
을 길러주는 것이 교육의 목표가 되어야 하지 않을까?

있는 그대로
바라보라

✳

사물을 있는 그대로 인식하고자 하는 열망, 이것만이 훌륭한 태도이다.
남을 보거나 남의 눈으로 보는 것은 바람직한 것이 아니다.

『유고』

사물을 바라볼 때 '나의 눈'으로 있는 그대로 인식하는 것이 중
요하다. 우리는 분명히 이상한 점이 있는데, 남들이 다 괜찮다고
하면, '다들 그러고 사는 거야'라고 하면 괜찮은 것이라고 착각한
다. 어떤 편견이나 두려움, 과대망상에서 벗어나 담백한 눈으로
볼 때 있는 그대로 사물을 볼 수 있다. 어떤 사물이나 상황을 스스
로 직시하지 못하고 남에게 의존하는 것은 두려움에서 비롯되는
것이다.

그대의 고독 속으로
달아나라

✳

그대의 고독 속으로 달아나라!
다시 그대가 사랑하는 나무처럼 되어라.
그 나무는 가만히 귀 기울이며 바다 위로 넓게 가지를 뻗고 있다.

『차라투스트라는 이렇게 말했다』

고독 속에서 자아가 깨어난다. 고독이 없는 곳에서는 소음이 가득하다. 고독이 없는 곳에서는 나의 자아가 제정신을 차리기 힘들다. 세상에서 훌륭하다고 떠받드는 위인들의 말, 나를 깎아 내리려는 소인배들의 말이 가득하다. 무엇을 믿을 것인가? 내가 중심을 잡고 있지 않으면 들리는 말이 모두 맞는 것 같다. 나만 뒤 처지는 것 같고, 잘못하고 있는 것 같다. 하지만 과연 그럴까? 그런 소란함에 노출되지 않았다면 애초에 어떤 비교도 하지 않았을 텐데 말이다.

자신을
진정으로 소유하라

✳

자신을 진정으로 소유하고 있는 자,
즉 자신을 궁극적으로 정복한 자는
자신을 벌하고 용서하고 불쌍히 여기는 것을 고유한 특권으로 여긴다.

|

『아침놀』

누구도 당신을 벌할 수 없다. 누구도 당신을 용서할 수 없다. 자신을 벌하고 용서할 수 있는 존재는 자기 자신뿐이다. 하지만, 이것은 자기 자신을 완전히 통제하고 있을 때의 이야기다. 자신을 통제하지 못하고 다른 사람이나 외부의 환경에 휘둘리고 있다면 처벌과 용서를 남에게 양도할 수밖에 없다. '통제'나 '정복'이라는 말의 어감은 다소 부정적이거나 공격적일 수 있다. 하지만, 자기 자신은 철저히 통제의 대상이다. 감정에 휘둘리고 싶지 않다면 한 걸음 떨어져서 바라보고 통제하면 된다. 외부에 흔들리지 않고 자기 삶을 살기 위해 자신을 소유하고 통제하는 연습을 해보자.

3장
·
건강한 관계 맺기

감정 쓰레기통이 되지 않도록
주의하자

✳

타인을 위해 비탄의 메아리가 되고,
그들의 비탄에 대해서만 귀 기울이더라도
우리는 그들에게 도움이 될 수 없으며 원기를 줄 수도 없다.

『아침놀』

'감정 쓰레기통'이라는 말이 있다. 한 사람이-대개는 부정적인-자기의 감정을 일방적으로 상대에게 쏟아낼 때 그 상대방은 감정 쓰레기통이 된다. 감정 쓰레기통이 되어 버린 사람은 상대에게 미움받기 싫고, 예의를 지키려는 마음에서 참는 경우가 많다. 하지만, 이런 인내심은 양쪽 모두에게 해가 된다. 감정을 쏟아내는 사람은 자기가 뭘 잘못하는지도 모르고 계속 그렇게 살아갈 것이다. 상대는 그 덕분에 우울해진다. 그렇지만 어떤 문제도 해소되지 않는다. 타인의 감정 쓰레기통이 되면 자기만 괴로워질 뿐이다. 주위에 당신을 감정 쓰레기통으로 생각하는 사람이 있다면 적당한 거리를 두는 것이 현명하다.

서로의 성장을 돕는
친구가 되어라

✺

자기 족쇄를 풀 수는 없지만,
벗을 구원하는 사람은 될 수 있다.
|
『차라투스트라는 이렇게 말했다』

친구와 나는 어떤 관계가 되면 좋을까? 함께 즐기고 시간을
보내는 것도 좋지만, 서로의 성장을 돕는 관계라면 더할 나위 없
을 것이다. 누구나 훈수 두는 것은 잘한다. 자기 문제를 객관적으
로 바라보기는 쉽지 않지만, 남의 상황을 객관적인 시각으로 보
고 조언하는 것은 비교적 쉽게 할 수 있다. 니체는 친구에 대해서
'초인을 향하는 화살이자 동경이어야 한다'고 말했다. 내 문제는
완벽하게 해결하지 못한다고 하더라도, 친구가 문제를 해결할 수
있도록 돕는 존재는 될 수 있다.

넉넉한 마음으로 인정해 주면
더 많이 얻는다

✳

자기가 옳다고 고집하는 것보다 틀렸다고 인정하는 것이 더 고상하다.
자신이 옳을 경우에 특히 그렇다.

｜

『차라투스트라는 이렇게 말했다』

시시비비를 따지려고 덤벼드는 상대에게 가장 효과적으로 대
응하는 방법은 무엇일까? 그것은 내가 틀렸다고 바로 인정하는
것이다. 주먹을 쥐고 잔뜩 화가 났던 상대도 더 이상 할 말이 없
다. 오히려 진짜 누가 옳고 누가 그르고는 중요한 것이 아니다.
정말로 내가 옳다면 언젠가는 그 사실이 밝혀질 것이다. 밝혀지
지 않으면 또 어떤가. 이성의 끈을 놓은 상대에게 이성적으로 이
기더라도 남는 것이 없다. 넉넉한 마음으로 한 걸음 물러나면 더
많은 것을 얻을 수 있다.

때로는 고통을 통해
타인의 성장을 도와라

✳

고통을 통해서라도 좀 더 먼 목표를 추구하도록 독려하는 것이
더 높고 더 자유로운 관점이다.

|

『아침놀』

주변 사람들에게 폐를 끼치지 않으려고만 하는 것은 좁은 소견이다. 때로는 폐를 끼쳐서라도, 그들을 불편하게 해서라도 상대의 성장을 돕는 것이 더 건강한 관계가 아닐까? 예를 들어, 친한 친구가 매사에 부정적이고, 자기 일에 책임을 지지 않으려고 하면서 남을 원망하기만 한다면, 생각을 바꿀 수 있는 자극을 주는 것이 친구의 도리라고 할 수 있다. 서로 불편해질까 봐 속으로 욕하면서 피하는 것이 더 나쁘다. 그저 폐를 끼치지 않는 관계는 아무것도 아닌 관계다.

고통받는 친구에게
딱딱한 침대가 되어라

✳

만약 고통받는 친구가 있다면 그에게 휴식처가 되어라.
다만 딱딱한 야전 침대가 되어야 그에게 도움이 될 것이다.

『차라투스트라는 이렇게 말했다』

친구가 고통스러워할 때, 완전히 나에게 의존하지 않도록 도와주는 것이 좋다. 푹신한 침대처럼 나에게 완전히 의존하게 하는 것보다 잠깐 쉬고 그의 길을 갈 수 있도록 딱딱한 침대가 되어주자. 하나부터 열까지 모든 것을 다해주려는 태도는 상대에게 결코 도움이 되지 않는다. 그에게 의존하는 마음을 심어주면 스스로 설 수 없다. 반대로, 내가 고통스러울 때도 친구에게 모든 것을 의존하려고 해서는 성장할 수 없다.

말은
신중하게 하는 것이다

✵

빨리, 그리고 많이 말하는 자는 아무리 그럴듯하게 말해도
극히 짧은 교제만으로도 신뢰를 심하게 잃게 된다.

|

『아침놀』

가끔 '뇌에 필터가 없나?' 하는 생각이 들 정도로 아무 생각 없이 말하는 사람들이 있다. 그들은 마음을 담지 않아 말이 가볍다. 아무리 좋게 보려고 해도 말이 가벼운 사람은 신뢰하기 힘들다. 같은 사실을 말하더라도 함부로 말하는 사람은 믿기 힘들다. 말은 신중하게 하는 것이다. 말수가 많은 것과 적은 것 중 하나를 택한다면 적은 편이 낫다. 말수를 줄여라. 말이 많을수록 가벼워 보인다. 부당하다고 생각되는가? 자신을 들여다보라. 말 많은 사람을 신뢰할 수 있는지.

자기를 바로 세워야
사랑할 수 있다

✴

인류의 키르케인 도덕이 모든 심리적인 것을
철저히 왜곡해 도덕화 시켜버렸다.
사랑이란 것이 '비이기적'이어야 한다는
섬뜩한 난센스(nonsense)에 이르기까지 말이다.

『이 사람을 보라』

키르케는 그리스 신화에 등장하는 마녀로, 호메로스의 『오디세이아』에서 주인공 오디세우스와 그의 동료들을 마법으로 홀려 귀향길을 일 년간 지체시킨다. 여기서 키르케는 '독이 되는 치명적인 마법'의 상징으로 볼 수 있다. 니체는 도덕이 사람들에게 마법을 걸었다고 보았다. 인간의 인식을 마비시켜, 이기적이고 충동적인 속성을 가진 사랑을 있는 그대로 인식하지 못하고 '비이기적'인 것으로 왜곡해서 받아들이게 되었다고 본 것이다. 사랑은 유혹이다. 충동이다. 이기적이다. 그런 속성을 명확히 인식하고 자기를 바로 세워야 제대로 사랑할 수 있다.

내 생각을 하는 사람은
드물다

✻

사람들은 나에 대해 말하지만
내 생각을 하는 사람은 아무도 없다.

『차라투스트라는 이렇게 말했다』

나에 대해 이러쿵저러쿵 떠드는 말에 현혹되지 말라. 공허하다. 나에 대해 제대로 알면서, 혹은 나를 진심으로 생각하면서 말하는 사람은 거의 없다. 내 껍데기를 이야기하는 것이지 진짜 나에 대해서는 정작 무관심하다. 때로는 부모, 형제, 자식도 마찬가지다. 내가 나를 돌보아야 한다. 인간관계는 소중한 것이지만, 너무 많은 관계에서 진정성을 찾기는 힘들다. 인간관계는 대부분 껍데기다.

먼저 알게 된 사실을
전하는 태도

✳

많은 이들은 다른 사람들이 새로운 사실을 말하면 불편하게 느낀다.
새로운 사실이 그 사실을 먼저 안 사람에게 부여하는
우월감을 감지하는 것이다.

|

『아침놀』

정보의 선점은 일종의 권력이다. 특히 경쟁적이거나 비우호적인 관계에서 더 그렇다. 누군가가 내가 모르는 사실을 알게 되면 그가 나보다 뛰어나 보인다. 시기심, 질투심이 생긴다. 불편하다. 정보를 가진 사람은 그것을 전해주면서 은근한 우월감을 느낀다. 건강한 관계라면 지식과 정보를 권력으로 사용하지 않고 편하게 나눌 수 있어야 한다. 미리 획득한 정보를 마치 자기만 가진 특권처럼 사용하는 사람이 있는가? 적당한 거리를 두자.

복수심을
자극하지 않는 법

✳

우리가 어떤 인간에 대해 알아내는 것,
그것이 복수심의 불을 붙일 수 있다.

|

『차라투스트라는 이렇게 말했다』

감추고 싶은 모습을 남에게 들켜버렸을 때, 마음이 좁은 사람들은 열등감이나 자격지심을 느낀다. 알리고 싶지 않은 비밀을 알아챈 상대를 피하고 싶고 두려워할 것이다. 그 마음은 자칫 복수심으로 변해 버릴 수 있다. 정말 나와 모든 것을 터놓고 지내는 사람이 아니라면, 그 사람의 약점이나 치부, 비밀을 알고 있다는 사실을 그에게 알릴 필요가 없다. 친한 친구나 가족 사이라면 약점이나 상처도 모두 끌어안고 지낼 수 있겠지만, 그렇지 않은 사이라면 어떤 인간의 은밀한 비밀을 알고 있다는 사실은 감추는 것이 현명하다.

적대는 적대를 통해
끝나지 않는다

＊

적대는 적대를 통해서는 끝나지 않고,
우호를 통해서 종결된다.

『이 사람을 보라』

아이들이 싸우는 것을 가만히 관찰하면, 재미있는 사실을 발견할 수 있다. 대부분의 다툼은 서로가 상대에게 "네가 먼저 그랬잖아"라는 말로 시작하고 지속된다. 한 아이가 먼저 다른 아이를 불편하게 한다. 그러면 다른 아이의 복수가 시작된다. '네가 먼저 했으니까 당연히' 자기도 하는 것이다. 그러면 처음의 가해자는 이제 피해자가 된다. 또다시 복수의 일격. 끝도 없이 이어지는 복수의 뫼비우스 띠다. 이 뫼비우스의 띠를 끊어내는 길은 한 가지다. 한쪽이 멈추면 된다. '한쪽 뺨을 맞으면 다른 쪽 뺨을 내미는' 행위를 누군가 먼저 해야 사람 사이의 적대가 사라진다.

성장에 도움이 되지 않는
관계는 정리하자

❋

나는 바그너에게 내적인 결별을 고했다.
나는 애매모호한 것을 참아내지 못한다.
바그너는 독일에 있게 된 이래로
내가 경멸하는 모든 것에 차례차례 응해주었다.

|

『니체 대 바그너』

니체는 동시대의 음악가 바그너의 음악에서 질서 정연한 형식과 자유분방한 열정, 도취의 조화를 느끼고 감탄했다. 두 사람은 오랜 기간 지적으로 교류했다. 하지만, 니체는 바그너의 음악에서 더 이상 생동하는 힘을 품은 의지가 느껴지지 않자, 그와의 관계를 단절했다. 인간관계를 잘 유지하는 것이 대체로 좋다. 하지만, 예의나 상대에게 인정받지 못할까 손절을 주저하지 말자. 자신의 성장에 도움이 되지 않는 관계는 애매모호하게 질질 끄는 것보다 빨리 정리하는 것이 낫다. 그것이 서로를 위한 길인 경우가 많다.

타인에게
고통을 주는 이유

✴

우리는 우리의 권력을 느끼게 해야 하는 자들에게 먼저 고통을 준다.
기쁨보다 고통이 권력을 느끼게 하는 데 훨씬 강한 수단이기 때문이다.

|

『즐거운 학문』

타인에게 고통을 주는 행위의 근본적인 이유를 생각해 보라.
부모가 아이에게 작은 일로 소리 지르는 것, 직장 상사가 부하를
닦달하는 것, 사랑하는 연인에게 과도한 요구를 하는 것, 상대의
사과에도 쉽사리 용서하지 않고 심한 벌을 주는 것. 이런 행위의
이면에는 권력 감정을 느끼려는 교묘한 의도가 숨어있다. 누군가
우리에게 고통을 주거나, 우리가 누군가에게 고통을 줄 때 그 숨
은 의도를 가만히 생각해 보자. 유치하지 않은가?

결혼의 의미

✳

결혼이란 창조한 자들보다
더 나은 한 사람을 창조하려는 두 사람의 의지다.

|

『차라투스트라는 이렇게 말했다』

니체는 결혼하고 부모가 되려는 자들에게 아이를 원해도 되는 인간, 자격이 있는 인간인지를 묻는다. 자신을 극복했는지, 관능에 좌지우지되지 않고 자신을 지배할 수 있는 자인지, 덕의 주인인지? 결혼은 건강한 삶을 위한, 성장을 위한 것이 되어야 한다. 그런 의지를 상대방에게 표현하는 것, 그것이 결혼이다. 더 나은 사람이 되지 않고, 정신이 퇴보하는 결혼 생활은 점검이 필요하다. 결혼은 가련한 안락함에 빠지는 것이 아니라, 의지의 표현이다.

원한의 감정은
자신에게 해롭다

✳

원한은 유약함에서 생겨나는,
그 누구보다 약자 자신을 가장 해롭게 하는 감정이다.

『이 사람을 보라』

원한은 외부에 대한 원망에서 비롯된다. 감정의 방향이 바깥에서 안으로 향하는 것이 아니라 안에서 바깥으로 향한다. '누구 때문에 내가 이렇게 되었다'라는 식의 감정이다. 이런 감정은 '인간적'이고 '자연스러워' 보인다. 하지만, 원한의 감정이 생긴다는 것은 자기 내면이 공허하다는 증거다. 내면이 공허하면 내부에서 외부로 에너지가 흘러 나간다. 다른 사람에게서 모든 상황의 원인을 찾는다. 니체의 표현대로라면 '약해서' 그렇다. 강한 자는, 자기 내면이 충만한 사람은 그런 감정을 이겨낼 수 있다. 더 강력한 힘에의 의지, 삶에의 의지, 운명에 대한 사랑으로.

상대에게 수치심을 주는
동정심을 경계하라

✳

나는 동정을 베풀며 행복을 느끼는 자비로운 인간들을 좋아하지 않는다.
지나친 친절은 감사하는 마음이 아니라 복수심을 일으킨다.

『차라투스트라는 이렇게 말했다』

불쌍한 사람을 동정하면서 친절을 베푸는 행위는 '도덕적으로' 좋은 것이다. 니체는 왜 이런 동정심을 싫어했을까? 동정심에서 비롯된 행동 때문에 상대에게 수치심을 주기 때문이다. 동정하는 자들이 자기 만족감을 채우면서 상대를 수치스럽게 할 수 있다. 상대의 힘든 상황을 보면서 '저러면 어째~ 쯧쯧쯧~' 하면서 그의 자긍심을 무너뜨린다면 그런 친절은 베풀지 않는 것만 못하다. 동정심을 경멸하던 니체는 정신발작이 일어나는 순간에 마부에게 채찍질 당하는 말을 껴안았다. 말에게 수치심을 주지 않으면서 사랑의 마음을 전했다.

이성애의 속성

✳

소유에 대한 갈망을 가장 적나라하게 드러내는 이성애야말로
이기주의의 가장 솔직한 표현이다.

『즐거운 학문』

이성 간의 사랑은 수천 년의 역사 속에서 찬양되었다. 하지만, 그 속성을 들여다보면 이기심과 소유욕이 극대화된 것이다. 이성애는 다른 사람은 쳐다도 보지 말고 자기만 바라봐 달라고 상대에게 요구한다. 결혼이라는 제도로 상대를 자기 곁에만 두려한다. 왜 사람들은 마치 미쳐 날뛰는 악마와도 같은 이성애를 찬양할까? 거친 욕망의 상태는 소유욕일까, 사랑일까? 지금 막 연애를 시작한 연인들의 눈빛보다 수십 년 세월을 함께 지낸 노부부의 맞잡은 손이 더 사랑에 가까운 것이 아닐까?

지나치게 미화해서
보지 말자

✳

위대함은 일정한 거리를 두고,
특히 위가 아니라 밑에서 바라볼 때만 감화력을 갖는다.

『즐거운 학문』

멋진 산이 있어 그 산의 정상을 올랐을 때, 밑에서 바라보던 것과는 다르게 느껴질 수 있다. 밑에서는 그렇게 위대해 보이는 산이 이제 발아래에 있는 것이다. 생각만큼 별것 아니다. 위대해 보이는 사람도 마찬가지다. 동경하는 사람과 실제로 함께 사는 가족들은 밖에서 보는 것과 다른 점이 있다고 말한다. 일정한 거리를 둘 때 위대함이 퇴색되지 않는다. 반대로 말해, 거리가 있는 사람이기에 실제보다 더 위대해 보이는 것은 아닐까? 남을 지나치게 미화해서 보지 말아야 하는 이유다.

타인의 죄를
용서해야 하는 이유

✳

그대의 잘못을 용서한다.
하지만 그대가 자신에게 잘못했다는 걸 어떻게 용서할 수 있겠는가.

『차라투스트라는 이렇게 말했다』

　타인의 잘못은 빨리 용서하는 것이 좋다. 외부에서 주어지는
벌은 그 사람을 변화시킬 수 없기 때문이다. 잘못한 행동에 대해
서는 그 사람의 양심이 벌을 준다. 양심의 눈으로 보면 남에게 죄
를 짓는 것이 곧 자신에게 죄를 짓는 것이다. 타인에게 죄를 지었
다는 자기 인식이 바로 벌이다. 죄를 지은 사람이 있다면 그를 벌
주려 하지 말고, 그의 양심을 일깨워 주는 것이 현명하다. 자기 죄
는 누구도 벌할 수 없다. 오직 스스로 벌할 수 있을 뿐이다. 죄를
짓는 순간 양심에 의한 벌은 시작된다.

한 번만 경솔한 경우는
드물다

✳

한 번만 경솔한 경우는 드물다.
처음 경솔한 행동에서 사람들은 언제나 너무 지나치고,
바로 이 때문에 보통 두 번째 경솔한 짓을 한다.

|

『우상의 황혼』

　　사람은 쉽게 바뀌지 않는다. 경솔한 행동을 했던 사람은 다시
그런 행동을 반복하기 쉽다. 거짓말하는 사람은 언젠가는 불리한
상황을 모면하기 위해 또다시 거짓말을 한다. 말실수를 하는 사
람은 또다시 비슷한 실수를 반복한다. 어지간히 큰 충격을 받지
않고서는, 경험을 통해 깨달음을 얻고 자기 자신을 바꾸는 경우
는 드물다. 그 사람의 문제가 아니다. 일반적인 인간의 속성이다.
인간의 이러한 특성을 예상하고 대비해야 한다. 사람을 믿지 말
라는 것이 아니라, 인간의 보편적인 속성을 이해해야 한다는 말
이다.

타인들과 뒤섞여
자신을 잃지 말라

✳

나는 타인들과 뒤섞여 나를 잃고 싶지 않다.

『차라투스트라는 이렇게 말했다』

다른 자들과 뒤섞여 쓸데없이 시간을 보내지 말라. 기운을 낭비하기 쉽다. 인맥을 잘 관리해야 성공할 수 있다고 말하는 사람들도 있다. 일리가 있는 말이지만, '인맥을 관리해야 한다'라는 말은 그 자체가 모순이다. 인맥은 관리하는 것이 아니라, 뻗어 나가는 것이다. 『논어』에는 '덕불고 필유린(德不孤, 必有隣; 덕 있는 사람은 외롭지 않다. 반드시 친구가 있다.)'이라는 말이 있다. 인격의 향기로움에 유유상종으로 사람들이 끌려오는 것이지, 인위적으로 관리한다고 내 사람이 생기는 것이 아니다. '관리'한 인맥은 내가 힘들때 진정한 도움이 되지 않는다. 맹상군은 삼천여 명의 식객을 거느렸지만, 그가 지위를 잃었을 때 곁에 남은 자는 한 명에 불과했다.

형벌은 범죄자를
정화하지 않는다

✳

형벌은 기이한 것이다. 그것은 범죄자를 정화하지 않는다.
범죄 그 자체보다도 범죄자를 더 더럽힌다.

｜

『아침놀』

　형벌은 죄와 그 죄를 지은 자를 정화할 수 있을까? '다른 사람을 판단할 자격은 누구에게도 없다. 누구나 죄짓지 않은 사람이 없다. 따라서 남에게 벌을 주거나 교화할 수 있는 사람도 없다. 그러니 우리는 언제나 모든 사람을 몇 번이고 끝없이 용서해야 한다.' 톨스토이가 『부활』에서 한 말처럼 타인을 벌주거나 교화할 자격을 가진 사람은 없다. 범죄자를 손가락질하며 벌주어도 그가 스스로 선한 길을 선택하지 않는다면 아무런 의미가 없다. 오히려 변할 준비가 되지 않은 사람에게 벌을 준다면, 그는 세상을 탓하며, 벌만 피하면 아무 문제 없을 거라는 생각을 갖게 될 수 있다. 형벌이 속죄가 아니라 오히려 독이 되는 것이다.

감정을 읽어주기 전에
상대의 성향을 먼저 파악하라

✳

자신의 감정에 수치심을 느끼는 사람과 교제하는 경우,
자신을 위장할 수 있어야만 한다.

|

『즐거운 학문』

　나를 손바닥 위에 올려놓고 다 안다는 듯이 내려다보는 사람
이 있다면 불편할 것이다. 감정표현에 서투르거나 그것을 들여다
보는 것에 익숙하지 않은 사람에게는 그의 감정을 꼬집어 이야기
해주지 않도록 주의해야 한다. 자기도 잘 몰랐거나, 숨기고 싶었
던 감정을 타인이 읽어주는 것에 불편함을 느낄 수 있기 때문이
다. 감정을 들켰을 때 자기가 감정에 대한 지배력을 잃었다고 생
각할 수 있다. 상대의 특성에 맞게 대해야 한다. 알면서도 말하지
말아야 할 관계도 있는 것이다.

내 직업이 요구하는
가면은 무엇인가

✳

모든 직업은 인간에게 특수한 직책을 상징하는
가면을 쓰라고 요구한다.

|

『아침놀』

직업마다 사회적으로 요구하는 기대 수준이 있다. 이를테면, 사람들은 학교 선생님이라면 도덕적이고 양심적일 것을, 경찰관이라면 솔선수범하여 법규를 준수하기를, 공직자라면 청렴하고 성실할 것을 기대한다. 모두 사회적인 관계 속에서 규정된 것이다. 우리는 모두 각자가 하는 일-특히 직업-에 따라 그에 맞는 가면을 쓰고 살아간다. 그것 자체로 나쁜 것은 아니다. 그 가면이 자기에게 맞으면 다행이다. 하지만, 잘 맞지 않고 불편하다면 계속 그 직업을 유지할지 고민해 보아야 한다.

지렁이가
꿈틀거리는 이유

✳

밟힌 지렁이는 꿈틀거린다. 똑똑한 행동이다.
그렇게 해서 또 다른 것에게 밟힐 가능성을 줄이는 것이다.

『우상의 황혼』

'착하게 살아야 한다'라는 생각에 사로잡혀, 누가 뭐래도 크게 반응하지 않는 것은 위험하다. 아이들의 반응은 솔직하다. 부당한 일을 당하거나 어떤 상황이 억울하다고 생각하면 즉각적으로 반응한다. 마치 밟힌 지렁이가 꿈틀하듯이. 분노해야 할 일에는 분노하자. 무반응은 달관한 자의 태도일 수도 있지만, 그런 깨달음에 이르지 않았다면 반응해야 한다. 반응하지 않으면 상대는 내가 그 상황을 그대로 받아들인다고 생각하기 쉽다. 패배의 인정으로 보일지도 모른다.

우상에
깔려버리지 말라

✳

어떤 사람을 우상으로 삼는 사람은
그를 이상으로 높임으로써 자신을 정당화하려 노력한다.

|

『아침놀』

누군가를 이상으로 삼는다는 것은 내가 그 사람을 따를 수 없다고 한계를 긋는 것이라고도 할 수 있다. 그 사람을 우상화함으로써 자신은 그만큼 될 수 없는 범속한 인간에 지나지 않는다고 규정해 버리고 마는 것이다. 탁월한 사람을 보면 그 사람의 장점을 내 것으로 만들어 성장하려는 발판으로 삼아야지, 자기의 한계로 삼아서는 발전이 없다. 우리가 어느 정도 수준에서 크게 성장하지 못하는 이유는 정말로 능력이 없거나 잠재력이 부족해서라기보다는 스스로 한계를 설정하기 때문이다. 탁월한 사람을 우상화하지 말고 자극제로 삼고 뛰어넘으려 노력하라.

칭찬은
가시 박힌 띠와 같다

✳

칭찬은 가시 박힌 띠와 같다.
내가 그 띠를 풀어놓아도 그것은 나를 할퀸다.
칭찬하는 자는 주는 척하지만, 실은 더 많이 선물 받고 싶은 것이다.

|

『차라투스트라는 이렇게 말했다』

때로는 칭찬이 나를 할퀴는 가시가 될 수 있다. 칭찬하면서
더 많이 받으려는 사람들도 있다. 준 만큼 돌려받으려는 그 마음.
그래서 나를 칭찬하고 칭송하던 사람들이 자기 스스로 정해놓은,
나에게 받기를 기대했던 바를 돌려받지 못하면 오히려 최악의 비
판자가 되기도 한다. 나를 따르던 자들이 등에 칼을 꽂거나 뒤통
수를 치는 이유다. 누군가가 나를 칭찬한다면 곰곰이 생각해 보
자. 그가 나에게 무엇을 바라고 있는지를.

비밀은
지켜지기 힘들다

✳

비밀을 지키겠다는 약속만큼
우리가 다른 이에게 즐겨 털어놓는 것도 없다.
비밀의 내용도 함께.

|

『즐거운 학문』

『명심보감』〈천명편〉에는 이런 말이 있다. '사람들 사이의 사사로운 말이라도 하늘이 듣는 것은 우레와 같고, 어두운 방 안에서 마음을 속이더라도 신의 눈은 번개와 같다.' 사람들이 비밀을 지키기 힘든 것은 동서양이 매한가지인가 보다. 어떤 사실을 비밀이라고 속삭이는 사람도, 그 말을 듣는 사람도 애초에 머릿속에서 그것을 비밀이라고 잘 분류해서 관리할 능력도 의지도 없다. '이건 진짜 비밀인데…' 하는 속삭임 속에서 비밀은 언제나 자기 지위를 잃고 가십거리로 전락하기 마련이다.

다섯 손가락을
모두 보여 주지 않는 것

＊

다섯 손가락을 모두 보여 주는 것은 점잖지 않은 일이다.
자신을 먼저 입증시켜야만 하는 것은 별 가치가 없는 것이다.

|

『우상의 황혼』

'다섯 손가락을 모두 보여 주는 것'은 내가 가진 것을 모두 내 입으로 말하는 것, 상대에게 나를 좀 알아달라고 내 패를 다 보여 주는 것이다. 나의 삶을 타인의 입으로 평가받으려 하지 말라. 타인은 나의 삶을 절대 온전하게 알 수 없고 평가할 수도 없다. 각자의 삶은 모두 그 자체로 가치가 있다. 그 삶을 점수 매기고 서열화하는 것은 유치한 행동이다. 자본주의에서는 한 사람의 재산으로 그를 평가하는 경향이 있다. 내 삶을 그렇게 함부로 평가하지 말라. 내 삶을 그대로 긍정하라. 나답게 살고 있다면, 그러기 위해 노력하고 있다면, 그럴 생각만이라도 있다면 괜찮다.

개가 아닌
늑대로 살아라

✳

타인에게 고통받지 않으려 모두에게 친절을 베푸는 것은 비겁함이다.
늑대를 개로 만들고, 인간 자신을 인간 최고의 가축으로 만든다.

|

『차라투스트라는 이렇게 말했다』

사람과의 관계에서 친절함은 중요한 덕목이다. 하지만 상대에게 잘못이 있을 때 해야 할 말을 하지 않으면 상대는 그 잘못을 잘 알아차리기 힘들다. 넌지시 돌려 말하는 것은 그렇게 말해도 알아들을 만한 사람에게 해야 한다. 직설적으로 말해야 할 때도 있다. 서로 상처를 주지 않고 받지 않기 위해 충고나 조언을 피하는 것은 비겁한 행동이다. 관계는 적극적으로 서로 자극을 주며 성장하는 것이어야지, 그저 눈만 껌뻑거리며 좋은 게 좋은 거라고 쳐다만 보는 것이 아니다.

무례함에 대한 변명은
언제나 구차하다

✳

'벨이 없기에, 돌로 문을 두드리는 것은 무례한 짓이 아니다.'
거지와 곤궁에 처한 사람이나 이렇게 생각한다.

|

『즐거운 학문』

'상황'을 핑계로 무례하게 행동하는 사람은 구차해 보인다. 『논어』〈위령공〉편에 보면, 공자가 무례하게 행동하는 자로를 은근히 꾸짖는 일화가 나온다. 공자가 제자들을 이끌고 위나라를 떠나 진(陳)나라로 가는 중 먹을 것이 떨어져, 제자들이 병들어 일어나지 못했다. 평소 성격 급한 자로가 공자에게 '군자도 이렇게 곤궁해질 수 있는 것이냐, 그게 이치에 맞는 것이냐'고 따졌다. 스승은 '군자도 어려움에 처할 때가 있는데 군자는 그릇된 짓을 하지 않지만, 소인은 별의별 짓을 다한다'고 말했다. 자기가 힘들고 곤궁하기 때문에 '내가 얼마나 힘든 줄 아는가'라는 생각으로 무례한 행동을 하는 사람들의 마음은 얄팍하다.

사랑할 수 없으면
스쳐 지나가라

✳

더 이상 사랑할 수 없는 곳에서는 스쳐 지나가야 한다.

『차라투스트라는 이렇게 말했다』

지금 있는 곳을 더 이상 사랑할 수 없다면 머물지 말고 스쳐 지나가라. 머무를 수 없는 곳에 억지로 몸담으려 하는 것은 시간 낭비다. 미련을 두지 말자. 사람 사이의 관계도 마찬가지다. 더 이상 사랑할 수 없고, 견딜 수 없다면, 서로의 성장이 정체되어 버린 관계라면 손절해야 한다. 스쳐 지나가는 것도 인연이다. 어설프게 마음 아파하고, 배려하지 말라. 서로의 성장을 위해 사람이든, 장소든, 그 무엇이든 과감하게 손절하라.

절대
오만해서는 안 된다

✳

우리는 그가 우리를 기만하려 했기 때문에,
우월함을 보여 주려 했기 때문에, 화를 낸다.
그리고 이 두 가지가 다 실패했기 때문에 그를 비웃는다.
따라서 절대 오만해서는 안 된다.

『아침놀』

오만함은 언뜻 보면 긍지에 가득 찬 자신감처럼 보이기도 한다. 하지만 오만한 것인지 긍지로 충만한 것인지 사람들은 금세 알아차린다. 아무리 위장하려고 해도 긍지는 긍지고, 오만은 오만이다. 니체는 우리가 오만한 인간을 마주했을 때 세 가지 불쾌감을 나타낸다고 보았다. 긍지도 없는 인간이 그런 척하는 모습에 화를 내거나, 우월감을 내비치는 모습에 화를 낸다. 이런 시도는 성공할 리가 없는데도 오만한 태도를 유지하는 것을 경멸한다.

과격한 사람들과
거리를 두어야 하는 이유

✳

효과를 내기 위해 폭탄처럼 작렬해야만 하는 자를 나는 사랑하지 않는다.
가까이에 있으면 갑자기 청력이나 그보다 더한 것을 잃을 위험이 있다.

|

『즐거운 학문』

니체가 자신을 다이너마이트라고 했다고 해서 과격한 사람으로 생각하기 쉬운데, 실제 그의 모습은 과격함과는 거리가 멀었다. 다소 엉뚱한 면은 있었지만, 꽤 유머러스하고 부드러운 사람이었다. 사상이 과격했을 뿐이지, 성정은 그렇지 않았다. 말과 행동이 거칠고 과격한 사람들이 있다. 자기를 드러내기 위해서나 성과를 얻기 위해서 선을 넘는 사람들이다. 이런 사람들은 인간관계에서 중요한 것-예의, 다정함, 사랑 등을 희생시킨다. 가까이하면 피곤하다. 니체는 재미있게도 그들이 폭탄처럼 작렬하니 청력을 잃을 수도 있다고 했다. 갑자기 터지는 소음에서 나를 보호하려면? 멀찍이 떨어져 있거나 귀마개를 하는 수밖에 없다.

4장

운명과 마주하기

행복할 수 있는 능력을
기르자

✳

행복을 위해 필요한 것은 얼마나 작은가!
백파이프 소리. 음악 없는 삶은 하나의 오류이리라.

『우상의 황혼』

행복은 마음의 상태다. 어떤 조건이 충족되면 행복할 것이란 생각은 완전한 착각이다. 3~4분 되는 짧은 노래를 듣고도 행복해질 수 있는 것이 사람이다. 한편, 값비싼 외제 차를 타고 수십만 원이 훌쩍 넘는 식사를 하면서도 불행할 수 있는 것이 사람이다. 사회적인 지위, 경제, 외모 등 외적인 상태를 조금이라도 좋게 해 보려고 노력하는 것보다 어떤 상황에서도 행복할 수 있는 능력을 기르는 것이 현명한 태도가 아닐까?

구원은
자기 운명을 긍정하는 것에서 시작한다

✳

모든 '그러했다'를 '내가 그렇게 되기를 원했다!'로 바꾸는 것,
나는 바로 이것을 구원이라 한다.

|

『차라투스트라는 이렇게 말했다』

'그러했다'라는 말은 '내가 원하지 않았는데 상황이 그렇게 되었다'라는 뉘앙스가 강한 말이다. 상황을 100% 내 책임으로 인정하지 않는 말이다. 외부에서 밀어닥친 상황을 원망하는 말이다. '내가 그렇게 되기를 원했다!' 하는 말은 모든 상황을 그대로 허용하는 것이다. 운명을 수동적으로 받아들이지 않고, 나의 의지로 긍정하는 것이다. 그것이 자기 삶의 구원이다. 구원은 외부로부터 주어지지 않는다. 내면에서 시작된다. 삶은 모두 내가 그렇게 되기를 원한 것이라 생각해보자. 여기서 말하는 '나'는 내가 '자아'라고 믿고 있는 에고가 아니라 '진짜 나'이다.

지금 이 순간에
집중하자

✳

지금 하는 것과, 하지 않는 것은
과거 가장 위대한 사건만큼이나 앞으로 다가올 모든 일에 대해 중요하다.
모든 행동이 위대한 동시에 사소하다.

|

『즐거운 학문』

　많은 이들이 왜 '지금, 이 순간'이 중요하다고 말할까? 현재를 제대로 살아가는 것은 생각만큼 만만치 않다. 우리는 과거의 사건, 결정에 대해 아쉬워하거나 불확실한 미래를 걱정하느라 많은 기운을 낭비한다. 다가올 일에 대해 걱정할 에너지를 지금에 집중해 보자. 현재의 결단과 행동이 미래를 만들어 낸다. 그런 관점에서 보면 모든 순간이 위대하다. 로켓을 쏘아 올릴 때 각도를 조금만 잘못 맞춰도 도착 지점이 엉뚱한 곳이 되어 버린다. 지금, 이 순간에 어떤 생각을 하고 어떤 행동을 하는지가 중요하다. 과거는 잊어라.

현재에
기뻐하라

기뻐할 줄 모르는 자들은
식탁에 앉으면서 왕성한 식욕조차 갖고 오지 않는다.
그러면서 '모든 것은 덧없다!'라고 비방한다.

『차라투스트라는 이렇게 말했다』

밥을 먹으면서 밥맛을 못 느낀 적이 있는가? 언제 그랬는가? 마음속에 걱정거리나 신경 쓰이는 일이 있을 때다. 의식이 현재에 집중되어 있지 않으면, 육체적인 감각에 무뎌진다. 이성적인 사유 활동도 중요하지만, 육체적인 것, 눈앞의 일도 중요하다. 식탁에서는 음식에 집중하고, 계단을 오를 때는 대퇴근의 움직임을 느끼고, 샤워할 때는 몸에 닿는 물의 느낌에 집중하자. 삶은 엄청나게 거창한 것이 아니다. 현재에 충실하라. 그것이 삶이다. 운명을 지배하는 힘이 현재에 집중하는 의식에서 나온다.

가장 작은 것으로도
행복할 수 있다

✳

가장 작은 것, 가장 나지막한 것, 가장 가벼운 것,
도마뱀이 바스락거리는 소리, 한 번의 숨결, 순간의 눈길,
이처럼 가장 작은 것이 나를 가장 행복하게 한다.

『차라투스트라는 이렇게 말했다』

길가에 핀 이름 모를 풀꽃을 보기 위해 쭈그리고 앉아 30분 이상 바라본 적이 있는가? 없다면 꼭 그런 경험을 해보기를 권한다. 우리는 꽃의 향기를 맡기 위해, 생명을 온전히 체험하기 위해 세상에 태어난 것인지도 모른다. 행복은 그리 거창한 것이 아니다. 얼마 안 되는 소유물조차 없더라도 행복할 수 있다. 내가 소유하지 않은 가장 작은 것으로도 행복할 수 있다. 행복은 외부의 자극을 어떻게 받아들이느냐 하는 반응의 문제다. 가장 미묘한 자극에도 행복할 수 있는 능력을 키워보자.

희망하는 법을
배워라

✳

다시 희망하는 법을 배우지 않으면 안 된다.

『차라투스트라는 이렇게 말했다』

희망을 잃었을 때 삶은 시들어 간다. 모든 배움 중에서 가장 위대한 배움은 희망하는 법을 배우는 것이 아닐까? 희망하려면 세상을 다르게 보아야 한다. 희망없이 살아가던 기존과 같은 관점으로 세상을 바라보아서는 긍정적인 면, 새로운 가치를 찾아낼 수 없다. 시선의 변경, 관점의 전환이 중요하다. 세상과 나를 바라보는 관점의 변화. 이것이 바로 희망을 배우는 것이다. 니체의 철학은 그런 관점의 변화를 주는 아주 좋은 자극제가 될 것이다.

자신을
보다 높이 고양하자

✳

우리 자신을 보다 높이 고양하자!
우리가 모범으로 삼는 것에 더 빛나는 색을 입히자.

│

『즐거운 학문』

남을 평가하고 그것을 바탕으로 처벌하려고 하는 자는 중력의 영에 사로잡힌 자다. 기존의 관념으로 사람들을 할퀴고 끌어내리려고 하는 자다. 그런 사람은 불만으로 가득하다. 남 잘되는 꼴을 못 본다. 그리고 스스로 점점 어두워진다. 남을 질책하고, 뒤에서 불만을 말하는 것을 일삼는 사람들을 따라 하지 말자. 그들의 대열에서 벗어나자. 내가 가고 싶은 길에 집중하고, 자신을 고양하는 일에 더 힘을 쏟는 것이 진정한 자기 삶을 살아가는 길이다.

오늘 하루의 삶에
집중하라

✳

도대체 죽음이란 무엇인가?
진정 그것을 아는 사람은 하나도 없다.

『니체 자서전』

죽음이란 무엇일까? 영혼이라는 것이 있어서 육체를 떠나는 사건일까? 아니면 그저 유기체의 결합이 흩어져 버리는 것에 불과한, 물질 차원의 변화일까? 시간이 지나면 죽음의 비밀도 조금씩 밝혀내겠지만, 아직 그 비밀을 다 알기는 힘들다. 죽음 이후에 어떤 세계가 있다는 것도, 그런 약속도 완전히 믿기는 힘들다. 그렇다면 우리는 무엇에 집중해야 할까? 바로 지금 오늘 하루의 삶이 아닐까?

자신만의 고유한
행복을 찾아라

✳

행복은 누구에게도 알려지지 않은
자신만의 고유한 법칙들에서 솟아나기 때문에,
외부에서 주어지는 지침은 행복을 방해하고 저지할 뿐이다.

『아침놀』

'오늘부터 이렇게 하면 행복할 테니, 이러이러한 일들만 해라'
라고 누군가가 지침을 준다면 그대로 따를 것인가? 물론 그런 지
혜를 따르면 어느 정도 긍정적으로 변할 수 있을지도 모른다. 하
지만, 각자의 인생은 고유한 행복의 주파수가 있다. 자기의 운명
속에서 행복을 찾아라. 남이 주는 행복의 지침을 기대하지 말라.
행복의 전제 조건은 사람마다 조금씩 다를 수 있다. 자기 삶의 경
험 속에서 하나하나 찾아내는 것이다. 타인의 행복 지침은 참고
만 해야지, 그것을 반드시 지켜야 할 규정으로 여기면 오히려 진
짜 행복에 방해가 된다.

어떤 눈으로
삶을 바라볼 것인가

✳

'여기서 웃는 자에게 화가 있으리'라고 말한 자는
가장 큰 죄악을 저질렀다.
그는 충분히 사랑하지 않은 것이다.

『차라투스트라는 이렇게 말했다』

웃음은 원망하지 않는 것, 현실을 긍정한다는 것이다. 웃는 자에게 화가 있을 것이라고 저주했던 말, 즉 현실은 불완전하고 고통뿐이라는 말은 현실에 두 다리를 딛고 살아가야 하는 우리를 불행으로 몰아넣었다. 운명을 거부하게 한 것이다. 대지를, 운명을, 삶을 충분히 사랑하라. 웃어라. 그렇게 하지 않는 것은 죄악이다. 두려움의 눈으로, 생존을 위한 투쟁으로 삶을 바라보면 웃을 일이 없다. 삶 자체가 고통일 뿐이다. 하지만 사랑으로, 성장을 위한 경험으로 보면 삶은 축복이다. 행복하고 웃음이 가득한 것이다. 당신은 어떤 눈으로 삶을 바라볼 것인가?

살아갈수록
삶은 가치 있다

✳

나는 삶에 실망하지 않았다.
해가 갈수록 삶이 더 참되고, 열망할 가치 있고,
비밀로 가득하다는 것을 발견한다.

|

『즐거운 학문』

인생을 살아가면 갈수록 나에게 맞는 삶이 펼쳐진다는 것을 알 수 있다. 나에게 주어진 삶은 거짓이 아니라 참되다. 남들이 거짓이라 하더라도 흔들릴 필요 없다. 나에게는 참된 것이다. 그러니 더 열망할 가치가 있다. 열정적으로 '제대로' 체험하며 살아가야 한다. 체험 속에서 내 삶의, 내 운명의 비밀이 무엇인지-왜 이런 시련이 오는지, 왜 기쁨은 지속되지 않는지, 왜 비슷한 일이 반복되는지-하나하나 알아가는 것이 인생이다.

아름다운 것이
넘쳐난다

✳

이 세계에는 아름다운 것이 넘쳐난다.
그렇지만 그것들이 모습을 드러내는 아름다운 순간은 너무 적다.
하지만 이것이야말로 삶의 가장 강력한 마법일지도 모른다.

|

『즐거운 학문』

아무 색도 없어 보이는 빛을 프리즘에 통과시켜 보면 여러 가지 색으로 나누어지는 것을 볼 수 있다. 그렇다! 빛은 다양한 아름다움이 뒤섞여 있다. 하지만, 평소에 보던 대로만 보면 그 아름다움을 인식할 수 있다. 의식을 집중하지 않고 세상을 바라보면 아름다운 것이 그리 많지 않아 보일 수 있다. 하지만, 눈을 돌리면, 다르게 바라보면, 시선을 바꾸면 이미 존재하는 아름다운 것들을 볼 수 있다.

행복의 공통점
두가지

✳

모든 행복의 공통점은 두 가지,
즉 충만한 감정과 그에 수반되는 자부심이다.

『아침놀』

행복이란 무엇일까? 여러 가지 정의가 있겠지만, 많은 이들이 한목소리로 말하는 것은 충만감이다. 결핍되거나 소외된 느낌이 아닌, 내 안에 무언가 가득 차 있는 바로 그 느낌이다. 물질적인 만족은 일시적인 충만감을 줄 수는 있지만, 그것을 오랫동안 지속하기란 쉽지 않다. 왜 그럴까? 충만감을 외부의 조건에 의존하기 때문이다. 외부의 환경에 크게 영향받지 않고 자기 자신을 완벽하게 통제할 수 있을 때, 위버멘시의 삶을 살아갈 때 행복감을 지속할 수 있다.

대지에
충실하라

✳

대지에 충실하라.
하늘나라의 희망을 말하는 자들의 말을 믿지 말라!

『차라투스트라는 이렇게 말했다』

여기서 '대지'는 눈앞에 펼쳐진 현실이다. 피안의 세계, 사후의 세상, 천상이 아닌 지금 발을 딛고 서 있는 땅이다. 니체에게 하늘나라의 희망, 이상에 매몰되어 현실을 저버리는 삶은 건강하지 않은 삶이다. 대지의 삶을 긍정하는 것, 지금 내 삶을 그대로 끌어안는 것이 건강한 삶이다. 인간은 어떤 조건이 만족한다고 해서 행복해지는 것이 아니다. 지금 이 순간에 충실하자. 그것이 가장 빠른 행복의 길이다.

약한 것에
잔혹하고 냉정한 태도를 취하라

✳

삶, 그것은 죽음에의 의지를 끊임없이 내치는 것을 의미한다.
우리 안에 있는 약하고 노쇠한 모든 것에
잔혹하고 냉정한 태도를 가지는 것이다.

|

『즐거운 학문』

산다는 것은 의지다. 의지가 삶이다. 의지가 없으면 살 수 없
다. 어떤 의지인가? 운명을 긍정하고 지금 내 삶을 온전히 끌어안
고 책임지는 것, 죽음에의 충동을 벗어던지는 것이다. 약해 빠진
마음, 운명 앞에서 쭈뼛거리며 물러서려는 마음에서 벗어나는 것
이다. 삶의 고비에서 죽음에의 의지가 스멀스멀 고개를 든다. 그
것에 굴복당하지 말라. 약해지지 말라. 약해질 때 자신을 객관적
으로 바라보라. 불쌍한가? 아니다. 니체는 경멸하라고 말한다. 약
한 나에게 잔혹해지고 냉정해져라. 언제나 힘에의 의지, 삶에의
의지로 가득한 자신을 꿈꾸라.

언제 그쳐야 할지 아는 자가
현명하다

✳

명성을 얻으려는 자는 제때 명예와 작별해야 한다.
가장 맛이 좋을 때 먹기를 그만두어야 한다.

|

『차라투스트라는 이렇게 말했다』

『주역』에 '항룡유회(亢龍有悔)'라는 말이 있다. '높이 올라 내려올 줄 모르는 용은 후회하기 마련'이라는 뜻이다. 항룡은 저 하늘 끝까지, 올라갈 데까지 올라간 용을 말한다. 오를 곳이 없다. 이때 더 오르려고 한다면? 떨어지는 것밖에 없다. 몸과 마음을 다친다. 자중하고 조심해야 한다. 잘 내려와야 한다. 명성은 그것을 끝까지 추구하는 데에서 생기지 않는다. 적절할 때 작별해야 한다. 현명한 자는 언제 그쳐야 할지 아는 자다.

후회 없는
삶을 살아라

✳

죽음에 직면해서도 정신과 덕은 저녁놀처럼 이글이글 타올라야 한다.
그렇지 않으면 잘못된 죽음이리라.

|

『차라투스트라는 이렇게 말했다』

저녁놀을 가만히 바라본 적이 있는가? 누구나 한 번쯤은 붉게 타오르는 저녁놀을 황홀경에 취한 듯 넋을 놓고 바라본 적이 있을 것이다. 아침의 햇살과는 또 다른 그 열정, 에너지, 마지막을 불태우는 생명력을 보라. 죽음은 정신을 꺾지 못한다. 저녁놀처럼 타올라라. 잘못된 죽음은 후회하는 죽음이다. 내 생명을 바쳐서 해야 할 일을 하지 못한 것에 대한 후회, 뜨겁게 사랑하지 않은 것에 대한 후회, 자기 내면에 묻지 않고 다른 사람에게 길을 물어왔던 삶에 대한 후회다. 후회 없는 삶은 이글이글 타오르는 삶이어야 하지 않을까?

삶을
심각하게 받아들이지 말자

✳

모든 것을 심각하게 받아들이는 것은 불편한 특성이다.

『즐거운 학문』

인생을 너무 심각하게 살려고 하지 말라. 삶을 연극이라고 가정해 보자. 우리는 각자 맡은 멋진 배역을 연기한다. 어떤 역할도 가치 있고 그 존재만으로도 위대하다. 연극이 끝나면 우리는 원래 자리로 돌아간다. 연극 속 역할에 과잉 몰입하면 곤란하다. 연기로 맞은 건데 정말로 아프다고 느끼거나, 대본상 죽음에 이른 것인데 정말 내 존재가 사라진다고 생각하면 괴롭다. 내가 얼마나 이 역할을 잘 해내고 있는지 한 걸음 떨어져서 바라보자. 이 역할을 통해 무엇을 배우고 의식을 확장해 나갈 수 있을지 내면에 묻는 것이 삶을 춤추듯 살아가는 방법이 아닐까?

삶의 가치는
평가될 수 없다

✳

삶의 가치는 평가될 수 없다는
놀랍고도 미묘한 사실을 알기 위한 시도를 해야만 한다.

『우상의 황혼』

나의 삶을 타인의 입으로 평가받으려 하지 말라. 타인은 나의 삶을 절대 온전하게 알 수 없다. 그렇기 때문에 평가할 수도 없다. 설혹 누군가가 나의 삶의 가치를 평가한다고 하더라도 참고할 것이지, 그것에 흔들리면 안 된다. 각자의 삶은 모두 그 자체로 가치 있다. 그 삶을 점수 매기고 서열화하는 것은 유치한 행동이다. 자본주의에서는 한 사람의 재산으로 모든 것을 평가하는 경향이 있다. 내 삶을 그렇게 함부로 숫자 따위로 평가하지 말라. 내 삶을 온전히 긍정하라.

인간이란
결국 자기 자신만을 체험할 뿐이다

✳

나는 방랑자이며 산을 오르는 자다.
나는 평지를 사랑하지 않는다.
인간이란 결국 자기 자신만을 체험할 뿐이다.
그대는 위대함에 이르는 그대의 길을 간다.

『차라투스트라는 이렇게 말했다』

　'평지'는 '편안한 것, 안정을 추구하는 것'을 의미한다. '방랑자,
산을 오르는 자'는 편안함에 안주하지 않고 자기 내면을 탐험하
는 자다. 자기 운명을 시험하고 개척하는 자, 창조하기 위해 애쓰
는 자다. 산에 오르는 자는 망설이지 않는다. 남들이 어떻게 하는
지 곁눈질하거나 부러워할 시간이 없다. 오직 자기 운명을 사랑
하라. 자기 체험을 사랑하라. 인간이란 자기 자신만을 체험한다.
남의 운명을 부러워하지 말라. 그의 운명은 그의 것으로 남겨두
어라.

고귀한 영혼이
살아가는 법

✳

고귀한 영혼은 무엇도 거저 가지려 하지 않는다.
언제나 어떻게 하면 삶에 가장 잘 보답할지 곰곰이 생각한다.

『차라투스트라는 이렇게 말했다』

삶은 공짜로 살아지는 것이 아니다. 자기 삶을 수동적으로 받아들이는 자들은 '운명'이라는 단어에 지나친 무게를 싣는다. 삶을 자기가 책임지려고 하지 않는다. 자기 행복이든 불행이든 그저 운명 탓으로 돌린다. 자기 운명을 긍정하며 건강하게 살아가기 위해서는 책임감이 핵심이다. 삶에 보답하는 길은 스스로 온전히 책임지는 것이다. 자기 삶에 책임지려는 자가 운명의 주인이 될 수 있다. 주어진 대로 거저 살아가면서 남 탓이나 하는 것은 자신을 추하게 만들 뿐이다.

내적인 충만감으로
곤란을 넘어서라

✳

언제나 깊이 몰두하는 사람은 모든 곤란을 넘어서 있다.

|

『즐거운 학문』

살면서 일어나는 수많은 곤란에 마음을 빼앗기면, 정작 해야할 일에 집중하지 못한다. 우리는 언제나 '그럼에도 불구하고' 내가 할 일을 묵묵히 해나가야 한다. 어려운 일이 있을 때 그 일에 신경을 써봐야 변하는 것은 없다. 오히려 자기가 할 일에 몰입하다 보면 자잘한 문제들은 자기도 모르게 해결되는 경우가 많다. 외부의 많은 일에 정신을 빼앗기지 않고 자신의 과제에 몰입해있으면 어떤 곤란도 이겨낼 수 있다. 내적인 충만감이 가득한 상태이기 때문이다.

우연이란
없다

✴

승자는 우연을 믿지 않는다.

『즐거운 학문』

일어날 일이 일어난다. 우연히 일어나는 일은 없다. 모든 것은 필연이고 이유가 있다는 관점을 받아들이면 운명의 쇠망치질에서 조금 더 자유로워질 수 있다. 승리했는가? 패배했는가? 우연이라고 생각하는가? 아니다. 모두 필연이다. 나에게 일어날 일이 일어나고 있다. 그것에서 무엇을 배우고 있는가? 그것이 중요하다. 승리했는지, 패배했는지, 그 현실이 중요한 것이 아니다. 그 경험에서 내가 어떻게 성장해 가고 있는지 그것을 계속 들여다보라.

삶을 사랑한다면
죽음을 선택하라

✳

다른 방식의 죽음을 원해야 한다.
우연이나 갑작스러운 죽음이 아니라, 자유로우면서도 의식적인 죽음을.

『우상의 황혼』

대부분의 가르침에서 자살은 좋지 않다고 가르친다. 하지만
니체는 그렇게 생각하지 않았다. 무기력하게, 혹은 갑작스럽게
준비되지 않은 죽음을 맞이하는 것을 더 좋지 않다고 생각했다.
그런 죽음은 자유롭지 못한 것, 노예의 죽음이다. 스스로 죽음의
방식이나 시점을 선택할 수 있다면 어떨까? 갑자기 가족도 없는
곳에서 쓸쓸하게 죽는 것이 아니라 시간과 장소를 정해놓고 사랑
하는 이들에게 하고 싶은 말을 남기고, 자기의 삶을 정리하는 시
간을 가질 수 있다면 어떨까? 니체는 죽음마저도 주인의 정신으
로 맞이하도록 요구하고 있다. 절대 자살을 권장하는 것이 아니
니 오해 없기를.

아모르 파티
(Amor Fati)

✳

나는 사물에 필연적인 것을 아름답게 보는 법을 더 배우려 한다.
그렇게 하여 사물을 아름답게 만드는 사람 중 하나가 될 것이다.
그대의 운명을 사랑하라(Amor Fati).

『즐거운 학문』

사물은 그 자체로 아름답거나 추하지 않다. 그것을 관찰하는
관찰자의 시선이 주관적인 판단을 하는 것이다. 우리의 운명을
생각해 보자. 아름다운가? 훌륭한가? 아쉬운 점이 많은가? 모두
우리의 판단이다. 행복을 위한 객관적인 조건이 있어서 그 조건
이 하나하나 충족되면 점수를 매기고 일정 점수를 넘으면 행복해
지는 것이 아니다. 그저 지금 행복하기로 결심하면 된다. 사물이
아름다워서 아름다운 것이 아니라 사물을 아름답게 보기로 해서
아름다워지는 것이다. 나의 현실을 그대로 사랑하는 시선. 그것
이 운명애(運命愛, Amor Fati)다.

능력을 넘는 것을
바라지 말라

＊

그대들의 능력을 넘는 것은 바라지 말라.
자기 능력 이상의 것을 바라는 자들에겐 사악한 속임수가 있다.

|

『차라투스트라는 이렇게 말했다』

행복하지 않다고 느끼는 사람들은 비교의 함정에 빠져 있다. 다른 사람과 자기의 조건을 끊임없이 비교한다. 사실 그런 조건은 자기 능력으로 어쩌지 못하는 것이다. 자기 능력 이상을 바라지 않으면 그 속에 운명을 긍정하는 행복이 있지 않을까? 제 그릇을 넘는 것을 원하기에, 깜냥도 되지 않는 자가 이미 자신보다 저 높이 올라가 있는 사람이 가진 것을 바라기에, 세상의 불행이 시작되는 것인지도 모른다.

미래에 대한
무지를 사랑하라

✳

나는 미래에 대한 무지를 사랑한다.
나는 약속된 것들을 미리 맛보려는 초조감으로 파멸하고 싶지 않다.

『즐거운 학문』

사주팔자, 점성술, 타로 등… 자기 미래를 알려는 인간의 욕구는 수조 원대의 운명 시장을 만들어 내고 있다. 미래를 미리 알고 싶은가? 알면 무엇이 변하는가? 미래를 궁금해하는 마음 한편에는 자기 운명을 외부의 탓을 돌리려는 무책임이 자리 잡고 있는 것은 아닐까? 니체는 미래에 대한 무지를 사랑할 것을 권한다. 현재에 충실하라. 미래를 알려고 하지 말라. 다가올 일은 그저 허용하고 경험하면 된다.

자신을 실패자로
규정짓지 말라

✳

큰일을 그르쳤다고 그대들이 실패작이란 말인가?

|

『차라투스트라는 이렇게 말했다』

몇 번 실패했다고 자신을 실패자로 규정짓지 말자. 언제나 다시 새롭게 시작할 기회가 있다. 우리 삶은 스스로 어떤 존재로 규정하느냐에 따라 달라진다. 섣불리 자신을 실패자로 규정짓지 말아야 하는 이유다. 운명의 주사위가 제멋대로 굴러가더라도 좌절하지 말자. 뛰어오르다 실패했다고 호랑이가 고양이가 되어 버리는 것이 아니다. 실패했기 때문에 자신을 고양이라고 생각하는 순간 진짜 고양이가 되어 버리는 것이다.

기분 좋은 상태를
유지하라

✳

기분은 우리가 주위 환경에서 어떤 상태로 지내는지에 달려 있다.

『아침놀』

비가 오면 기분이 나쁘고, 날씨가 화창하면 기분이 좋은 것은 '당연한' 것이 아니다. 비가 오고 폭풍이 휘몰아쳐도 콧노래를 부르며 하루를 시작할 수 있다. 주변의 환경에 따라 기분이 좌우된다면 항상 날씨를 걱정하며 전전긍긍하며 살아야 하지 않을까? 행복은 어쩌면 그저 '기분이 좋은 상태'인지도 모른다. 환경이 내 기분을 좌우하지 않게 연습하자. 운명도 마찬가지다. 니체는 우리에게 운명을 탓하고 그 운명 때문에 행복과 불행이 좌우되는 것보다 어떤 운명이라도 껴안고 살아가기를, 긍정하기를 권한다.

행복을 실현하는
인생관을 발견해 보자

✳

모든 사람이
최고의 행복을 실현할 수 있는
인생관을 발견하는 행운을 갖기를.

『아침놀』

객관적인 조건이나 물질만이 행복의 척도가 될 수는 없다. 선진국에서 풍요롭게 사는 사람들이 물질적으로 부족하게 오지에 사는 사람들보다 행복하다고 말할 수 없다. 그렇다면 행복은 어디에서 오는가? 행복은 어떤 관점으로 인생을 바라보느냐에 달려있다. 어떤 인생관을 가지느냐에 따라 행복할 수도, 그렇지 않을 수도 있다. 이 인생관은 부단히 노력하면서 발견해 가는 것이다. 나의 인생관이 절대적이라 생각하지 말고, 행복을 탐구했던 선배들이나 동시대 사람들의 생각을 들어보자. 참고할 만한 것이 있다면 배워라. 그 속에서 나만의 행복을 실현해 주는 인생관을 찾을 수 있을 것이다.

발이
가벼운 자가 되어라

＊

대지에 수렁과 깊은 슬픔이 있더라도,
발이 가벼운 자는 진창 위를 사뿐히 걸으며 춤춘다.
반반한 얼음 위에서처럼.

『차라투스트라는 이렇게 말했다』

대지는 현실이다. 발이 가벼운 자는 중력을 이기는 자, 춤추듯 삶을 즐기며 자신을 고양하는 자다. 춤추듯 살아라. 새로운 관점으로 세상을 바라보자. 중력이 나를 끌어당겨 바닥을 기게 하지 말라. 사뿐히, 이 삶을 유희하듯 가볍게, 민첩하게 걸어 다녀라. 하나의 실패나 하나의 성공에 빠져 집착하지 말라. 내 의식을 상승시켜 나 자신과 운명을 지켜보는 자의 마음으로 바라보면 깊은 우울의 늪에 빠질 일이 없다. 물구나무를 서라. 새로운 관점으로 세상을 바라보자.

불평불만의 늪에서
허우적거리지 말라

✳

불만과 욕구, 곤경 외에 말할 것이 남아 있지 않은 환경에서
살지 않도록 조심해야 한다.

|

『아침놀』

사람들끼리 모여 불평불만을 쏟아내지 말라. 대신에 위엄 있
게 침묵을 지켜라. '힘들다, 힘들다'라고 우는 소리하지 말고 고상
한 자기의 소명을 말할 수 있어야 한다. '지금은 비록 이렇게 힘들
지만 내가 나아가고자 하는 길은 바로 이것이다'라고 말할 수 있
는 사람은 언제나 성장의 가능성이 있다. 환경을 탓하고, 모자란
자신을 탓하는 마음까지 거기에 얹어서 불평만 하다가는 아까운
인생을 낭비하기 쉽다.

영원회귀에
대하여

✴

'지금 이 삶을 너는 다시 한번 살아야만 하고,
또 무수히 반복해서 살아야만 한다.'라고 한다면 어떻게 하겠는가?

『즐거운 학문』

지금껏 살아왔던, 그리고 앞으로 살아가야 할 삶이 무한하게 반복된다고 할 때, 어떤 이에게 그 삶은 축복이 될 것이고, 어떤 이에게는 저주가 될 것이다. 내 삶은 축복인가, 저주인가? 이것은 그 누구도 아닌 내가 정의하는 것이다. 지금의 삶을 축복으로 정의하기 위해서는 어떻게 하면 좋을까? 어떤 선택을 할 때 나에게 이 질문을 던져보자. '내가 이 삶을 다시 한번, 그리고 무수히 반복해서 살기를 원하려면, 지금, 이 순간 어떤 선택을 할 것인가?'

반대 의견을
억누르지 말라

✳

그대의 사상에 반대될 수 있는
그 어떤 생각이든 억누르지 말고, 자신에게 침묵하지 말라!
그대는 매일 자신에 대한 투쟁을 실행해야만 한다.

|

『아침놀』

자기 생각이 확고한 것은 건강한 정신이라고 할 수 있지만, 한 가지 조건이 있다. 바로 반대되는 의견에 대해 항상 귀를 열어두어야 한다는 것이다. 믿고 있는 것을 끊임없이 숙고하라. 그래야 그것이 더 단단해진다. 부서질 수도 있지만, 잘못된 믿음이라면 부서지는 것이 마땅하다. 반대 의견을 두려워하지 마라. 나무는 바람을 온몸으로 받아내면서 단단히 뿌리를 내린다. 억지로 바람을 피하려고만 하면 온실 속에서 자란 나무처럼 한두 번 바람을 맞으면 시들시들해진다.

사랑하는 것을
배워라

✴

사랑하는 것을 배워야 한다.
생소한 것에 사랑을 베풀면 보상을 받을 수 있다.
그것이 천천히 자기 베일을 벗고
말할 수 없이 새롭고 아름다운 모습을 드러내는 것이다.

『즐거운 학문』

리처드 바크의 『갈매기의 꿈』에는 주인공 갈매기 조나단에게
스승이 이렇게 말하는 장면이 나온다. "사랑을 연마하게." 사랑도
배우고 연마해야 한다. 사랑하는 능력은 우리가 타고난 본성이지
만, 갈고 닦지 않으면 녹슨다. 나와 다른 것, 낯선 것을 참아내면
서 오감을 여는 연습이 필요하다. 친절하게 다가가는 시간이 필
요하다. 그에 대한 보상으로 상대의 진정한 모습을 볼 수 있고, 사
랑할 수 있다.

스스로
가치를 창조하라

✳

모든 사물의 가치를 새롭게 정립하라.
그 때문에 그대들은 투쟁하는 자가 되어야 한다.
창조하는 자가 되어야 한다.

『차라투스트라는 이렇게 말했다』

사물과 현상의 의미와 가치를 남의 입으로 들으려 하지 말라.
의미는 자신이 창조해야 한다. '이것이 가치 있는 것인가?' 하는
문제는 객관식이 아니다. 철저하게 주관식이다. '내'가 가치를 정
하는 것이다. 그것은 자기 내면에 물어야 한다. 가치는 오직 자기
가 매기는 것이지 남의 판단에 좌지우지되어서는 안 된다. 내 삶
의 가치를 평가하려는 타인의 얄팍한 의견에 투쟁하라. 스스로
가치를 창조하라.

5장

시련 극복하기

시련은
나를 더욱 강하게 만든다

✳

나를 죽게 하지 않은 것은 나를 더욱 강하게 만든다.

『우상의 황혼』

죽을 정도의 시련은 없다. 그것을 시련이라고 인식하고 있다면 최소한 죽지는 않은 것 아닌가? 어떤 사람이 시련에서 살아남는다면 그 시련을 통해 더 강해진다. 단테의 『신곡』에는 이런 말이 나온다. '마음이 깨끗한 사람은 행복하다. 오, 거룩한 혼들이여. 불을 꿰뚫지 않으면 더 이상 나아갈 수 없으니 그리 들어가라.' 외길에서 눈앞에 불길이 치솟는다면 뚫고 나가는 수밖에 없다. 시련은 앞으로 나아가기 위해 통과해야만 하는 것이다. 삶은 시련의 학교가 아닐까?

커다란 고통이
궁극의 깊이에 이르게 한다

✴

커다란 고통, 길고 오랜 고통, 생나무 장작에 불태워지는 고통만이
비로소 궁극의 깊이에까지 이르게 한다.

|

『즐거운 학문』

생나무 장작에 불을 붙여 보았는가? 좀처럼 불이 타들어 가지
않는다. 생나무의 습기 때문에 연기만 자욱이 번지고 진전이 없
다. 그처럼 질질 끄는 고통이 있다. 이제 좀 그만했으면 좋겠는데
집요하게 나를 괴롭힌다. 아직 배울 것이 남은 것이다. 더 성장해
야 하는 것이다. 고통을 통해 자신을 직면해야 하지 못하고 고통
그 자체만을 두려워한다면, 과거의 잘못된 결정을 제대로 보지
않고 회피하는 한, 그 고통은 멈출 줄을 모른다. 완전히 새로 태어
나기 위한 고통은 더 길고 집요하다.

삶에 대한
자신만의 이유를 찾아라

✴

삶에 대한 자신의 이유인 '왜냐하면'을 가진 자는,
거의 모든 것을 견뎌낼 수 있다.

『우상의 황혼』

    삶에 대한 자기만의 이유를 가진 자는 단단하다. 빅터 프랭클
(Viktor Frankl)은 2차 세계대전 당시 나치의 아우슈비츠 수용소
에 끌려간 유대인 의사였다. 그에게는 나치의 수용소에서 살아남
아야만 하는 이유가 있었다. 그는 가족과 반드시 만날 수 있다는
희망을 품고 끔찍한 수용소 생활을 견뎌냈다. 몸집이 크고 체력
이 좋은 사람이 극한 상황을 견뎌낼 수 있는 것이 아니다. 삶의 이
유가 명확한 사람이 그런 상황을 더 잘 견뎌낼 수 있다. 빅터 프랭
클은 수용소 안에서 동료들을 치료하는 의사로 일하면서 그들에
게 희망을 품도록 조언해 주고, 많은 시련을 견뎌냈고 결국 살아
남았다.

크게 자라려면
단단한 바위를 뚫어라

✳

나무가 크게 자라려면
단단한 바위를 뚫고 튼튼한 뿌리를 내려야 한다.

|

『차라투스트라는 이렇게 말했다』

나무에게 바위는 뚫어내라고 있는 것이다. 인간에게 시련은 극복하라고 있는 것이다. 나무뿌리가 약하고 부드럽기만 하다면 바위를 뚫을 수 없을 것이다. 바위를 깨부수고 나아가야 새로운 토양의 양분을 자기 것으로 만들 수 있다. 나무가 바위에 막혀버린 상황을 '관대하게', '고분고분하게' 수용하고 더 이상의 성장을 멈춘다면 발전은 없다. 화분 속 식물의 뿌리처럼 뿌리들끼리 얽히고설켜 썩어버리고 만다.

시련은
성장에 유익한 환경이다

✳

나약한 자를 멸망케 하는 독은 강한 자를 강하게 한다.
강한 자는 이것을 독이라고 부르지 않는다.

『즐거운 학문』

나무가 악천후나 폭풍을 겪지 않고 자랑스럽게 하늘 높이 자라날 수 없듯이, 인간의 성장에 시련은 꼭 필요하다. 우리는 인생에 좋은 일만 가득할 때는 자기 삶에 특별한 문제 제기하지 않는다. 하지만, 어떤 시련이 오면 자기를 돌아보고 점검할 수 있다. 나를 죽이지 못할 정도의 독은 그 독에 대한 내성을 갖게 함으로써 그 사람을 강하게 만들 수 있다. 불운, 역경, 증오, 질투, 고집, 불신, 냉혹, 탐욕, 폭력 등은 나를 성장시키는 퇴비나 비료가 아닐까?

고통을
기꺼이 견디려는 의지

✷

고통을 기꺼이 견디려는 의지가 없다면
많은 기쁨을 놓칠 것이 틀림없다.

|

『아침놀』

고통을 기꺼이 견뎌라. 견딜 가치가 있는 고통은 감내해야 한다. 보디빌더나 파워리프팅을 하는 사람들이 역기를 들면서 근육이 찢어지는 고통을 견뎌내지 않는다면, 멋진 몸을 만들거나 힘을 기르지 못할 것이다. 공부하는 과정을 견뎌내는 의지가 없다면 학위나 자격증을 취득하지 못할 것이다. 인생의 길목에는 피하고 싶은, 불쾌한 고통이 가득하다. 이것을 피하려고만 하면 불행해진다. 견뎌내고 맞서 이겨내면서 성장하는 것이 우리의 삶이다. 그리고 우리는 이런 고통을 꽤 잘 견딜 수 있다.

가장 고약한 적은
언제나 자신이다

✳

그대가 마주칠 수 있는 가장 고약한 적은 언제나 그대 자신일 것이다.
그대는 자신에 이르는 길을 가는 것이다!

『차라투스트라는 이렇게 말했다』

누군가가 도저히 이해할 수 없는 말과 행동을 할 때, 계속 내 자존심을 긁어댈 때, 이유 없이 나를 괴롭힐 때, 속상하고 억울하고 화날 것이다. 상대에게 감정을 쏟아붓기 전에 잠깐 멈춰보자. 생각을 외부로 향하지 말고 자신을 들여다보자. 일기를 쓰면서 생각을 가만히 정리해 보면 어떨까? 외부의 적은 내면의 두려움이 형태를 바꿔 나타난 것일 수 있다. 가장 큰 적은 자기 안에 있다. 외부의 시련은 자기를 성찰하게 함으로써, 오히려 자신을 담금질하는 계기가 될 수 있다.

두려움 때문에
고통이 커진다

✳

병든 자가 병 그 자체로 괴로워하기보다는 병에 관한 생각 때문에
더 많은 고통을 받지 않도록 그의 공상을 진정시킬 것.

|

『아침놀』

병에 걸리면 물론 몸이 마음대로 되지 않으니 괴롭고 불편하
다. 하지만 '무슨 병입니다'라고 선고를 내리는 의사의 말을 들은
뒤의 두려움 때문에 더 고통스러울 수 있다. 그 병에 관련된 내용
을 찾아보면서 최악의 경우 어떻게 되는지 알게 된다. 낮은 확률
이라도 죽음에 이를 수 있다고 하면 고통은 극에 달한다. 시련에
대한 두려움도 시련 그 자체보다 더 많은 고통을 유발할 수 있다.
어릴 때 이를 뽑으러 치과에 간다고 하면 가기 싫어 난리가 난다.
하지만 막상 이를 뽑아보면 생각보다 견딜만하다는 생각이 들지
않는가?

먼저 재가 되어야
거듭날 수 있다

✳

자신의 불꽃으로 스스로 불태우려 해야 한다.
먼저 재가 되지 않고 어떻게 거듭나려고 하는가.
나는 자기 자신을 넘어 창조하려고 파멸하는 자를 사랑한다.

『차라투스트라는 이렇게 말했다』

먼저 재가 되어라. 자신을 불태워라. 그대를 옭아매는 부정적인 관념과 관습, 두려움에 뿌리를 둔 감정과 의식을 불태워 재로 만들어버려라. 불사조는 다 타버린 재에서 살아난다. 그 속에서 진정한 자아가 깨어난다. 버리고 다 버려라. 아무리 다 버려도 자존심이 남았는가? 그마저도 버려라. 죄책감이 남았는가? 괜찮다. 버려라. 진정한 창조는 완벽한 소멸, 자기부정에서부터 시작된다.

삶은
고통으로 자신의 지식을 늘린다

✳

삶은 고통으로 지식을 늘린다.
나의 정신은 돛처럼 정신의 거센 폭풍우를 맞아 떨면서 바다를 건넌다.

『차라투스트라는 이렇게 말했다』

정신의 성장에 시련은 필수적인 과정이다. 바람을 맞아야 돛
이 부풀어 올라 배가 앞으로 나갈 수 있는 것처럼, 고통과 시련
에 찢어지지 않고 버텨내야 성장할 수 있다. 니체는 군중의 욕망
에 부합하여 살살거리는 명성이 높은 철학자들을 노예라고 했다.
'진짜'를 말하면 군중의 미움을 받을 수 있지만, 그들은 그렇게 하
지 않는 것이다. 저항을 이겨내면서 성장하려 하지 않고 시류에
부합해 노예의 행복만을 누린다는 것이다. 노예가 될 것인가, 주
인이 될 것인가? 노예는 현실의 행복에 안주하고, 주인은 풍랑을
선택한다.

모든 발판이
사라졌을 때

✳

모든 발판이 사라졌을 때,
자신의 머리 위로 올라가는 법을 터득하고 있어야 한다!
그대 자신의 마음을 넘어라!

『차라투스트라는 이렇게 말했다』

모든 발판이 사라지는 때가 온다. 부모, 형제, 친구, 경제력, 사회적인 지위 등 내가 의존할 수 있는 존재, 방패가 사라지는 것이다. 그 순간에는 혼자만의 힘으로 성장해야 한다. 성장은 매일매일 조금씩 양적으로만 하는 것이 아니다. 마치 새로운 계단을 오르듯 질적으로 도약해야 하는 순간이 온다. 평지가 끝나고 벼랑을 만나는 순간이다. 그간의 자기 정체성을 파괴하고 새롭게 자신을 정의해야 한다. 어떻게 할 것인가? 무언가에 의존하는 마음은 정체성을 재정의하는 데 장애물이다.

고통 속에
최고의 냉정함을 회복한다

✳

무서운 병고에 시달리는 사람은
섬뜩할 정도로 냉정하게 세상을 바라본다.

|·

『아침놀』

커다란 고통이나 시련을 겪으면 이전과는 다른 관점으로 세상을 볼 수 있다. 이것은 시련의 축복이다. 물론 시련을 겪으면 힘들고 아프다. 그것이 시련의 속성이기에. 하지만 그 정도 충격이 아니고서는 우리가 관점을 바꾸기는 어렵다. 세상을 바라보는 관점을 달리하는 것, 의식의 확장은 죽기보다 어렵다. 죽을 만큼 힘든가? 당신의 관점을 바꿀 수 있는 절호의 기회다. 책을 읽고 글을 쓰고 산책하고 사색하라. 그 과정에서 의식의 성장이 일어난다.

그대 자신을
넘고 올라서라

✳

그대는 자신을 넘고 올라야 한다.
위로 저 위로, 그대가 별 위에 오를 때까지!

『차라투스트라는 이렇게 말했다』

여기서 말하는 '자신'은 '표면적인 자아', '에고'다. 우리는 에고라는 창문을 통해 세상을 체험한다. 그리고 '참 자아'가 에고라고 착각한다. 이것을 버린다는 것은 거의 죽는 것과 같은 고통이다. 지금까지 '나'라고 믿었던 것을 놓아 버려야 하는데 어디 그게 말처럼 쉽겠는가? 이런 에고의 환상을 깨닫는 데까지 수십, 수백 번의 생을 살아내야 하는지도 모른다. 표면적인 자아를 붙잡고 있으면 그 수준 이상의 것을 인식할 수 없다. 그것이 마치 색안경처럼 세상을 덧칠해서 보여 주기 때문이다. 하나의 에고를 부수고 나면 새로운 의식의 한계인 에고가 나타난다. 위로, 계속 위로 오르려 노력하는 것이 인간의 숙명이지 않을까?

가장 어려운 시절에
더 깊이 감사하라

✳

어떤 때보다 삶의 가장 어려웠던 시절에 더 깊이 감사해야 한다.
높은 곳에서 바라보면 모든 것은 다 필연이다.

『니체 대 바그너』

　　좀 더 높은 관점에서 바라보면 인생의 모든 시련은 계획이고, 축복으로 볼 수 있다. 필연적으로 일어날 일이 일어난다는 관점을 받아들여 보자. 어려운 시절에 삶을 저주하고 원망하는 마음이 드는 것은 충분히 공감되고 인간적인 반응이다. 하지만, 성장은 정체되어 버린다. 상황과 내가 반목하고 갈등이 생긴다. 하지만, '감사합니다'라고 말하면 나와 외부 상황 사이에는 조화가 일어난다. 운명을 그대로 껴안고 사랑하는 마음은 자기 내면에 집중할 수 있도록 돕는다.

고통을
내세우지 말라

✳

그대들은 고통 때문에 잘못을 범하더라도,
타인들이 관대하게 이해해 주기를 바란다.
하지만, 그대들의 행동에 대한 복수는 바로 자신에게로 돌아온다.

『아침놀』

나의 시련이나 고통을 내세우며 다섯 살 아이처럼 징징대지 말라. '나는 이만큼 고통스럽기 때문에 이렇게 무례한 것은 당연하다', '내 고통이 얼마나 큰지 아는가, 내 표정이 어둡고 불쾌해 보이는 것은 당연한 것이다'와 같은 마음으로 세상을 대하면서 이해해 주기 바란다. 유치한 짓이다. 자기 고통과 불운을 핑계로 바닥을 드러내 보이는 것이다. 남의 기운을 빼앗을 뿐 아니라, 결국 스스로 더 나락으로 떨어질 뿐이다.

자유는
극복해야 할 저항으로 측정할 수 있다

✳

자유는 무엇으로 측정하는가?
극복해야 할 저항으로, 위에 머무르기 위해 치르는 노력으로.

|

『우상의 황혼』

우리는 인간이 누구나 자유를 타고났다고 생각한다. 그렇게 배워왔다. 하지만 니체는 천부의 자유라는 것에 대해 의문을 제기한다. 모든 인간이 자유를 부여받았다? 원론적으로는 맞을지 몰라도 실제로 과연 그럴까? 니체가 본 세상은 힘에의 의지가 얽히고설킨 세상이다. 멍하게 있다가는 다른 사람의 의지에 복속당할 수 있다. 나의 자유를 침범하는 것에는 저항해야 한다. 그런 사람만이 자유를 누릴 자격이 있다. 자유는 그저 주어지는 것이 아니라 획득해야 하는 것이다.

그게
어쨌단 말인가

✳

실패한 자들이여, 용기를 내라.
그게 어쨌단 말인가.
아직 얼마나 많은 일이 가능한가!

|

『아침놀』

　반쯤 부서지면 어떤가? 위대한 성공은 확률이 높지 않다. 성공하기 전에는 실패라고 생각하지 말고 성공하기 위한 과정이라고 생각하면 그만이다. 남들이 비웃는다고? 어쩌라는 말인가? 내 인생이다. 인생에는 정답이 없다. 남들이 내 인생의 답을 주지 않는다. '어떻게 살아야 하나요?' 질문이 잘못되었다. 그런 정신으로는 자기 삶을 살 수 없다. 부서지고 깨지더라도 내 길을 가는 것이 정답이다. 인생에는 각자의 정답만이 있을 뿐이다. 그래서 중요한 것은? 니체의 삶도 본받지 말 것.

불행자랑대회에
참가하지 말라

✳

고통과 불행은 항상 과장되어 이야기된다.
반면에 사람들은 고통을 줄여주는
수많은 치료제가 있다는 것에 대해서는 단호히 입을 다문다.

|

『즐거운 학문』

사람들은 자신의 불행을 자랑하면서 경청하는 자의 기운을 빼앗는다. 그리고 상대의 불행을 귓등으로 흘려들으며, 그의 불행을 확인하고 안도한다. 서로의 불행을 자랑하는 대화에 끼지 말라. 그런 불행은 대부분 과장되어 있다. 그것을 나누는 것이 각자의 내면의 성장에는 아무런 도움이 되지 않는다. 평온한 일상이나 추억, 미래의 희망과 같이 고통을 줄여주는 것들은 아주 많이 있다. 그런 것에 집중하지 않고 고통에만 집중하는 것은 무익하다.

행복해서
바보스러워지는 것이 낫다

✳

불행해서 바보스러워지는 것보다 행복해서 바보스러워지는 것이 낫다.
절룩거리며 가는 것보다 어설프게 춤추는 게 낫다.

『차라투스트라는 이렇게 말했다』

자기 행복은 스스로 만드는 것이다. 행복은 오로지 자신의 책임이라는 사실을 깨닫는 것이 중요하다. 어설프게라도 춤을 추듯 살아가며 행복감을 느껴보자. 행복하게 산다는 것은 거창한 게 아니다. 다른 사람이 아닌 자기 자신의 인생을 사는 것이다. 그런다고 갑자기 행복감이 쏟아지는 것이 아니다. 내가 살아가는 세상을 더 깊이 이해하고 자기 자신과 더 평화롭게 지내는 것이 행복의 시작이다. 불행한 바보보다는 행복한 바보가 되자. 어떤 시련이 일어났을 때 불행에 빠지는 것보다 행복해지는 법을 배우자. 이것은 훈련으로 가능하다.

평등하게 대우받기 위한
자격을 갖추자

✳

내가 원하는 평등은 단 하나다. 극도의 위험과 포연 속에서의 평등.
이때 우리는 모두 함께 어울려 즐거울 수 있다.

|

『유고』

니체는 평등이 그냥 주어지는 것으로 생각하지 않았다. 물론 인간이라는 존재 자체만으로 존중받아야 할 측면은 분명히 존재한다. 하지만, 니체는 그것을 누릴만한 자격을 갖춘 사람만이 가질 수 있는 것이 평등이라고 보았다. 평등은 자기의 가치를 스스로 입증해 낸 사람들 사이에서 가능하다는 것이다. 자기 극복의 과정을 겪지 않은 사람은 인정해 주기 힘들다. 고수는 고수를 알아본다. 시련을 이겨내고 자기를 증명한 사람들은 그들 사이에서 당연히 평등할 수밖에 없다. 노예의 삶을 살면서 주인의 삶을 사는 사람들에게 똑같이 대해 달라고 말하지 말라. 주인으로 살기 위해 자신을 먼저 증명하라.

가장 높은 것은
가장 깊은 데서 나온다

✳

가장 높은 것은 가장 깊은 데서 올라와 그 높이에 도달한다.

『차라투스트라는 이렇게 말했다』

지구를 특별히 용감한 영혼들이 선택한 곳이라고 생각해 보자. 그들은 다른 차원의 세계에서는 체험할 수 없는 시련을 통해 성장하려고 한다. 그렇다면 그들에게 시련은 피해야 할 것이 아니다. 지금 고통스러운가? 용감한 당신이 선택한 가장 멋진 체험이라고 생각해 보자. 가장 깊은 고독과 시련의 심연에서 허우적거려 봐야 가장 높은 곳에 이를 수 있다. 자기만의 깨달음을 얻은 사람은 모두 시련 속에서 몸부림치며 자기 두 발로 우뚝 섰다. 시련의 깊이와 깨달음의 높이는 비례한다.

내 안의 회의주의자에
저항하라

✳

극히 소수의 사람만이 자신에 대한 믿음을 지닌다.
그들의 선하고, 유능하고, 위대한 모든 행동은
내부의 회의주의자에 대한 반론이다.

『즐거운 학문』

자신의 발전을 위해 새로운 도전을 할 때 우리는 여러 가지 저항을 겪는다. 하나는 외부의 저항이다. 주변 사람들은 합리적이고 현실적인 조언으로 우리를 주눅 들게 한다. 그리고 내부의 저항이 있다. 내 안에 회의주의자가 있는 것이다. 이 회의주의자는 처음에는 존재하지 않지만, 어릴 때부터 외부에서 사회적으로 학습되어 자리 잡는다. 문제는 우리의 경험을 통해 부정적인 사례가 하나하나 쌓이면서 회의주의자의 믿음이 더욱 강화된다는 것이다. 자신을 믿어야 내 안의 저항을 이길 수 있다.

고독을
기꺼이 끌어안아라

✳

'찾는 자는 길을 잃기 쉽다.
모든 고독은 죄악이다'라고 군중은 말한다.
그리고 그대는 오랫동안 그들 중 하나였다.

『차라투스트라는 이렇게 말했다』

니체는 창조적이지 않은 존재를 군중, 인간 말종, 천한 자들, 최후의 인간 등으로 말했다. 군중은 힘들여 길을 찾지 않는 자들이다. 치열한 고독보다는 힘들이지 않고 어설픈 관계 맺음을 선택한다. 이런 군중 속에서 새로운 길을 찾으려는 자, 창조하는 자는 길을 잃기 마련이다. 길을 잃는 것은 방황이고 흔들림이고 정해진 궤도에서 벗어남이다. 군중들이 용납하기 힘든 모습이다. 하지만, 자기의 진정한 자아에 이르는 길을 가려면 고독해져야 한다. 창조하는 자의 길은 고독하다. 고독을 기꺼이 끌어안아라.

나를 사랑하는 것에서
모든 것이 시작된다

그대들의 덕은 그대들이 사랑하는 자신이다.
이방인이나 껍데기, 외투가 아니다.

|

『차라투스트라는 이렇게 말했다』

자기 자신에게 도달하는 것이 중요하다. 껍데기-사회적인 지위, 재산, 직업, 역할, 학력 등는 중요하지 않다. 나를 사랑하는 것에서 모든 것이 시작한다. 모든 정신적인 방황은 자기 자신에게 도달하기 위한 흔들림이다. 외부에 무엇이 있다고 착각하지 말자. 항상 정답은 자기 안에 있기 마련이다. 내가 인식하고 있지 않더라도 진정한 자아는 계속 빛을 내고 있다. 주변의 혼란한 색깔에 정신을 빼앗기면 그 빛을 보지 못한다.

항상
새로운 시선으로 바라보라

❋

자신에게 등을 돌릴 때야 비로소 자기 그림자를 뛰어넘을 것이다.
그리고 자신의 태양 속으로 들어가게 되리라.

『차라투스트라는 이렇게 말했다』

'이것은 숭고한 가치다. 이것이야말로 진리다'라고 무엇을 정의해 버리고 더 이상 숙고하지 않는 것, 머리가 굳어져 버리는 것은 위험하다. 그 가치에 반하는 것에 눈을 감으려 하고 인정하지 않는다. 머리가 말랑말랑하지 않고 수용할 수 있는 것이 줄어든다. 등 뒤에서 해가 빛나고 있으면 내 눈앞에는 그림자가 드리워진다. 나의 그림자. 숭고함이라는 그림자, 자기가 믿고 있는 그 무언가를 부정하고 등을 돌려야 진정한 자기의 아름다움으로 향할 수 있다. 철석같이 믿고 있는 것도 새로운 시선으로 바라보아야 발전이 있다.

자신의 욕망을
부정하지 말자

✳

오직 그대들 자신을 믿도록 하라.
그대들과 그대들의 뱃속을!
자신을 믿지 않는 자는 항상 거짓말을 한다.

|

『차라투스트라는 이렇게 말했다』

니체는 위선자들을 경계했다. 고귀한 말을 늘어놓고, 거짓을 말하는 것을 미워했다. 이상을 논하면서 대지(현실)를 무시하는 것을 경멸했다. 그럴싸한 말로 자기를 포장하는 사람들을 믿지 말자. 욕망을 숨기는 것이다. 솔직하고 순진한 마음으로 건강하게 욕망하는 것이 더 자연스럽다. 욕망은 나쁜 것이 아니다. 이 말에서 '그대들의 뱃속'이라는 것은 욕망을 상징하는 것으로 볼수 있다. 아침놀 앞에서 어둠에 가려졌던 모든 것이 드러나듯, 깨어서 바라보면 거짓을 판별해 낼 수 있다.

불만 속에
파묻히지 말라

✳

올라가는 영혼들이 피로함을 느끼는 지점을 알아맞히는 것이
기생충의 재주다.
기생충은 원망과 불만 속에, 민감한 수치심 속에 역겨운 둥지를 튼다.

『차라투스트라는 이렇게 말했다』

무슨 일이든 처음 시작했을 때 급성장하는 시기가 있다. 이른
바 '초심자의 행운'이라고 하는 시기다. 그 시기를 지나면 정체기
가 온다. 그때 의식 속에 스멀스멀 생겨나는 부정적인 에너지를
조심해야 한다. 세상과 타인에 대한 원망, 자기 현실과 주변인들
에 대한 불만, 자기 연민, 자기 부정 등으로 추락하기 쉽다. 한 걸
음 내딛기 위해서는 자기를 가로막는 어떤 프레임, 패러다임을
부숴야 한다. 의식의 벽이다. 그것이 해체되기 전에는 불만이 많
이 쌓이는 것이 정상이다. 그 불만 속에 파묻히지 않도록 주의해
야 한다.

속 좁은 인간의 오해에
변명하지 말라

✳

나는 변명에 존재하는 기쁨을 경멸한다.
속 좁은 인간들에게 음흉한 기쁨을 주는 것보다는
오점을 몸에 붙이고 있는 게 낫다.

『아침놀』

상대방이 나에 대해 오해하고 있는 것에 대해 하나하나 변명
하는 것은 무익한 시도다. 불완전한 의식을 가진 속 좁은 인간이
불완전하게 판단한 것을 어떻게 다 바로 잡아 주겠는가? 상대방
은 오히려 이래저래 변명하는 내 모습을 보며 음흉한 미소를 지
을지도 모른다. 그가 그렇게 생각하든 말든 나의 본질은 변하지
않는다. '나에게는 너의 평가가 전혀 중요하지 않다'라는 것을 명
확하게 보여주는 것이 더 나을지도 모른다.

6장

성장을 위한 힘 키우기

스스로 자유를 창조하는
사자의 정신

✳

스스로 자유를 창조하고,
의무를 신성하게 부여하기 위해서는
사자의 정신이 필요하다.

|

『아침놀』

나만의 새로운 세계를 창조하기 위해서는 기존의 관념을 무너뜨려야 한다. 니체에게 낙타는 기존의 세계에 그저 순응하면서 열심히 견뎌내는 정신을 상징한다. 사자는 무너뜨리는 정신이다. 저항하는 것이다. 우리에게는 어떤 상황에서도 저항의 권리가 있다. 도저히 받아들일 수 없는 억압이나 강요에는 낙타와 같은 충성을 거부하고 사자처럼 저항하는 권리 말이다. 인간의 역사는 자유를 위한 저항의 역사다. 개개인의 삶의 역사도 진정한 자기 정신의 자유를 위한 저항의 역사가 되어야 할 것이다. 사자가 되어라. 저항하라.

힘에 대한 사랑이
행복의 원천이다

✳

필요도 욕망도 아닌, 힘에 대한 사랑이야말로 인류의 수호신이다.
인간에게 모든 것-건강, 음식, 주택, 오락-을 주어도
그들은 여전히 불행하고 불만스러울 것이다.

|

『아침놀』

건강, 음식, 주택, 오락이 제공된다고 해서 자연스럽게 행복할
수 있는 것이 아니다. 니체는 오히려 불행하고 불만스러울 것이
라 말한다. 어떤 조건이 채워지면 행복해질 것이라는 생각은 우
리의 관념일 뿐이다. 예전부터, 그리고 오늘날에도 사람들은 '이
런 조건을 만족하면, 이런 상태가 되면' 행복할 것이라는 환상을
갖고 있다. 하지만 그게 다가 아니다. 인간은 성장할 때 행복을
느낀다. 니체는 이것을 '힘에 대한 사랑'이라고 표현했다. 힘을 추
구하는 것, 지금보다 높은 단계로 상승하는 것에서 진정한 행복
을 느끼는 것이 인간의 본질이 아닐까?

열정이 허무로부터
우리를 지켜준다

열정은 욕망이 가진 경악스러운 허무로부터
우리를 지킬 수 있는 유일한 방패이다.

『니체 자서전』

욕망의 끝은 허무하다. 무엇인가를 갖고 싶은 욕망을 채웠을 때 그 만족감은 그리 오래가지 않는다. 허무함이 밀려온다. 욕망의 본질은 허무인지도 모른다. 그 허무함을 이기지 못해 아예 욕망을 거세하려고 시도하는 사람들도 많다. 하지만 그렇게 한다고 행복할까? 니체는 욕망을 긍정한다. 그것을 거세하지 말라고 당부한다. 욕망은 건강하게 충족해 가면 된다. 어떤 욕망을 채우기 위해 노력하는 과정에서의 열정은 그 자체가 우리를 고양시킨다.

다양한 생각을
체험하자

✳

(자신과) 똑같이 생각하는 사람을 (자신과) 다르게 생각하는 사람보다
더 많이 존경하라고 가르치는 것은 가장 확실하게 그를 망치는 길이다.

『아침놀』

다양한 생각을 체험할 수 있어야 한다. 가장 무서운 사회는
모든 사람이 똑같이 생각하는 곳이다. 같은 생각만 하는 사람들
이 모여 있으면 발전이 없다. 많은 사람이 자기 성향을 명료하게
알려주는 MBTI에 관심을 가지는데, 인간을 열여섯 가지 유형으
로만 나눌 수는 없을 것이다. 중요한 것은 인간이 다양한 특성과
성향을 가지고 있다는 것을 이해하는 것이다. 한쪽 성향만 가진
사람들이 모이는 것보다 다양한 성향의 소유자들이 모여 있는 곳
에 발전이 있다. 서로 다툼도 있고 논의하고 싸우면서 발전하는
것이다.

누구에게나
힘에의 의지가 있다

✳

살아 있는 생명을 발견한 곳에서는
어디서나 힘에의 의지를 발견할 수 있다.
시중드는 자의 의지에서도 주인이 되려는 의지를 발견할 수 있다.

『차라투스트라는 이렇게 말했다』

누구에게나 힘에의 의지가 있다. 하인, 시중드는 자, 아랫사람은 힘이 없어 보인다. 하지만, 가만히 생각해 보자. 주인은 하인에게 어떤 일을 시키면서 그에게 의존하게 된다. 그 일에 대한 주도권을 상실하는 것이다. 하인이 없으면 정원을 가꿀 수도, 집을 정리할 수도, 제대로 갖춘 옷을 입을 수도 없다. 주인은 하인에게 예속되고, 하인은 주인이 된다. 이렇게 '힘에의 의지'는 생명의 본성이고, 생명이라면 어떤 위치에서든 다양한 형태로 그것을 발현하며 살아가는 것이다.

높이 날아오르려는
열망을 가져라

✳

세상을 등진 자는 높이에 대한 열망으로,
그가 사랑하는 것들을 희생한다.

|

『즐거운 학문』

'세상을 등진다'라는 것은 세상이 추구하는 가치에서 한 걸음 떨어져 있다는 것이다. 높은 세계를 추구하는 자는 세상의 가치를 무조건 전부 버리지는 않더라도, 그 너머 더 본질적인 것을 바라본다. 세상에 휩쓸려 살아가는 사람들은 상상할 수 없는 것을 상상한다. 비상하려면, 날아오르려면 내 몸에 붙어 있는 것들을 떼어내야 한다. 몸을 가볍게 해야 한다. 니체가 말한 것처럼 높이에 대한 열망을 가져라. 매일 아침, 전날 잠들 때보다 더욱 높은 삶으로 나아가려는 열망을 가지자.

알면서도 두려움을 이겨내는 것이 용기다

✳

차가운 영혼, 노새, 눈먼 자, 술 취한 자를 대담하다고 하지 않는다.
두려움을 알면서도 두려움을 제압하는 자,
심연을 보지만 자긍심이 있는 자가 대담한 자다.

『차라투스트라는 이렇게 말했다』

차가운 영혼은 무관심하다. 세상일에 초월해 있는 것이 아니라 그저 냉담한 것이다. 용기 있게 대처하는 것이 아니라 자기 보존을 위해 물러서 있다. 노새는 하나의 상징이다. 노새는 보통 어리석고 지혜롭지 못한 동물을 상징한다. 어리석어서 문제를 제대로 알아보지 못하는 자가 용기 있다고 할 수는 없다. 눈먼 자도 마찬가지다. 눈을 감고 있다면 바로 코앞에 사자가 있어도 무섭게 느끼지 않는다. 모르면서 두려워하지 않는 것이 아니라 알면서 그 두려움을 이겨내는 것이 용기다. 삶의 가장 어두운 면을 알면서도 어둠에 빠지지 않고 자긍심을 갖고 인생을 살아내는 사람이 용기 있는 사람이다.

자신의 두 다리로
올라가라

✳

저 높이 올라가려면 자신의 다리가 필요하다.
남의 등이나 머리에 올라타고 가지 말라!

|

『차라투스트라는 이렇게 말했다』

의존하면 제대로 살아갈 수 없다. 다른 사람들이 오래전에 만든 제도, 권위, 도덕 등을 뛰어넘어 저 높이 올라가려면 자신만의 내적인 인식에 다다르고, 자기만의 방식을 찾는 것을 목표로 해야 한다. 지혜로운 삶의 방식은 각자가 스스로 찾아내야만 하는 것이다. 자기 힘으로 성장해야 진짜다. 내 두 다리로 걸어 올라가야 한다. 물론 다른 사람들에게 도움은 받을 수 있다. 특정한 시기에 특정한 방식으로 그것은 어느 정도 도움이 된다. 하지만, 전적으로 타인의 힘에 의존해서는 안 된다.

승리의 경험이
중요하다

*

커다란 승리에서 가장 좋은 것은
승리자에게서 패배의 두려움을 없애준다는 것이다.

|

『즐거운 학문』

한 번 크게 승리해 본 경험, 크게 성공한 경험은 큰 자산이다. 실패만 계속하는 사람은 그것이 자기에 대한 판단의 참조 경험이 되어 승리하는 생각을 하기 힘들다. '패배자'라는 자아상을 갖게 된다. 자신에 대한 바람직한 상(象)을 정립하기 위해서는 무엇을 하든 크고 작은 승리의 경험을 축적해 가도록 노력해야 한다. 승리의 경험 속에서 자기에 대한 인식을 패배자가 아닌, 승리자로 바꿀 수 있다. 두려움을 넉넉함으로 바꿀 수 있다.

배운 것을
베풀고 나누자

✳

나는 베풀고 나누고 싶다.
그러기 위해 저 아래로 내려가야 한다.

『차라투스트라는 이렇게 말했다』

차라투스트라는 자기 깨달음을 나누기 위해 저 아래로 내려
가려고 한다. 마치 태양이 세상을 비춰주듯이. 배움이나 경험은
우리의 성장을 위해 중요하다. 하지만, 배움을 통해 혼자 성장하
고 그만둬 버리는 것은 허공에 불을 붙이는 것과 같다. 그 배운 것
을 나누어 주면 어떨까? 내가 얻은 깨달음, 지혜를 다른 이들에게
나누어주면 그들은 내가 했던 시행착오를 하지 않고 시간 낭비를
줄일 수 있다. 내가 관심 있는 분야에 충분한 경험과 지식을 쌓아
전문가가 되고 다른 이들에게 나누는 메신저가 되라.

욕구와 싸우지 말고
활용하자

✳

스스로 기준을 세우기에는 의지가 너무 약하고
퇴락한 자들이 욕구와 싸울 때,
거세와 멸절이라는 수단을 본능적으로 선택한다.

|

『우상의 황혼』

내 안의 욕구는 좋은 것일까, 나쁜 것일까? 그것은 내가 어떻게 활용하느냐에 달려 있다. 성공한 사람들은 결핍을 충족하기 위한 욕구를 자기 성장의 밑거름으로 삼는다. '부자가 되고 싶다, 비싼 차를 타고 싶다.'라는 결핍, 욕구가 있다면 그것을 제거하지 않고 기꺼이 받아들인다. 그리고 강한 의지로 부를 이루어 낸다. 어리석은 자들은 욕구를 죄악으로 여기고 애써 외면해 버린다. 제거한다. 욕구를 거세해 버리면 더 이상의 성장은 없다. 나의 척도, 기준은 무엇인가? 솔직해지자.

백 번의 삶을
부정하지 말자

✳

나는 백 개의 영혼을 거치고,
백 개의 요람과 산고를 겪으며 나의 길을 걸어왔다.

│

『차라투스트라는 이렇게 말했다』

우리가 백 번의 삶을 경험했다고 생각해 보자. 백 번의 산고 속에서 태어나 수많은 이별과 죽음의 순간도 경험했다. 거지로도 태어나 힘들게 살아보기도 하고, 평화로운 시기에 왕으로 태어나 온갖 부귀영화를 누릴 수도 있다. 여성으로 한 맺힌 삶을 살아보기도 하고, 힘이 센 바이킹족 남자로 태어나 수없이 많은 생명을 빼앗아 보기도 한다. 이런 모든 경험이 저주스러운 운명일까? 어떤 이들이 말하는 것처럼 고통으로 가득한 윤회의 고리일까? 어쩌면 신성한 나의 선택이 아닐까? 니체는 모든 경험이 자기의 의지가 바라는 운명이라고 정의한다. 삶을 부정할지 긍정할지는 각자의 선택이다.

생각하지 말고
그저 위를 향해 오르라

✴

산을 오르는 가장 좋은 방법은 무엇인가?
생각하지 말고 그저 위를 향해 오르라!

『즐거운 학문』

'얼마나 남았어?' 아이들과 산에 오르다 가장 많이 듣는 말이다. 우리는 자신이 어디에 있는지 항상 확인하려고 한다. 그리고 이런저런 생각의 가지를 뻗어 나간다. '괜히 올라오자고 했네', '아직도 반도 안 되었다고?', '십 분 전에 그냥 포기하고 내려갈걸', '가다가 비가 오면 어떻게 하지?' 이런 내면의 소음에 마음을 빼앗기면 산을 오르는 것이 더 힘들게 느껴진다. 산을 오를 때는 그냥 기계적으로 올라가면 된다. 이런저런 생각-과거에 대한 후회나 미래에 대한 걱정-은 발걸음을 늦출 뿐이다. 생각하지 말고 그저 위를 향해 가자.

욕망의 거래에
휘말리지 말라

✳

지배자들은 권력을 얻기 위해 천민과 거래하고 흥정한다.

『차라투스트라는 이렇게 말했다』

니체는 스스로 가치창조를 하지 못하고, 돈이나 쾌락, 명예 따위를 좇는 어리석은 군중을 '천민'이라고 했다. 니체는 지배자들이 얼핏 보면 천민보다 뛰어난 것처럼 보이지만 그 본질은 별반 다를 것 없다고 보았다. 많은 지배자가 권력을 얻고, 그 권력을 공고하게 하려고 천민들을 이용한다. 그들은 천민들이 듣고 싶어 하는 말을 하고, 그들의 욕망을 충족시켜 주면서 권력을 얻는다. 지배자와 천민 사이 욕망의 거래다.

무기력이라는 평등을
경계할 것

✳

무기력이라는 폭군의 광기가 그대들 내면에서 평등을 외쳐댄다.

『차라투스트라는 이렇게 말했다』

앞뒤 가리지 않고 '평등'만 외치는 사람들을 경계해야 한다. 그들은 무리 본능에 사로잡혀 있다. 그들은 자기 철학을 갖고 성장하려는 사람을 그냥 두지 않는다. 성장하면 그들과 '평등'해지지 않기 때문이다. 평등이라는 이름으로, 무기력이라는 광기로 그 사람을 잡아서 끌어내린다. 세상은 무기력한 평범한 인간들로 하향 평준화된다. 잘못된 평등이라는 관념에 사로잡히지 말자. 무리 본능에서 벗어나 탁월한 인간이 되기 위해 노력하자.

좀 더 강한
적수를 찾아라

❋

성장한다는 것은 좀 더 강한 적수를 찾는다는 데서,
혹은 좀 더 강력한 문제를 찾는 데서 드러난다.

『이 사람을 보라』

새로운 것을 보고 경험하는 것, 도전하는 것은 아주 즐거운 일이다. 우리는 기존에 하던 것보다 높은 목표를 잡고 그 목표를 이루어 가는 경험에서 만족감을 느낀다. 역도 선수가 리프팅 무게를 올리지 않고 계속 제자리걸음이라면 성장은 없다. 쉬운 일만 하려고 하지 말자. 쉽고 익숙한 일은 내 잠재력을 죽인다. 도전적인 일을 해라. 성공하든, 실패하든 가슴이 뛰는 일을 하라. 그것에서 분명히 배우는 것이 있다. 성장이 있다.

무덤이 있는 곳에만
부활이 있다

✳

나에게는 상처 입힐 수도 없고, 파묻어 버리지도 못하며,
바위도 뚫고 나오는 것이 있으니, 그것이 바로 나의 의지다.
무덤이 있는 곳에만 부활이 있는 법이다.

『차라투스트라는 이렇게 말했다』

니체는 왜 의지를 말하면서 무덤을 언급했을까? 우리가 꼭 이루려는 희망이 실현되지 않는 경우가 있다. 청춘을 바치고, 수없이 많은 밤을 하얗게 지새우며 도전했던 일이 이루어지지 않기도 하는 것이다. 그럴 때 밀려오는 죽음과도 같은 절망…. 이것을 니체는 무덤으로 상징한 것이 아닐까? 끝이 있어야 시작이 있다. 무덤이 있어야 부활이 있다. 실패가 있어야 성공이 있다. 인간의 변하지 않는 의지! 그것이 가장 중요하다. 인간의 의지는 흔들릴 수는 있어도 사라지는 것이 아니다.

생존을 넘어
상승을 추구하라

✳

삶이 있는 곳에만 의지도 있다.
그런데 그것은 삶에의 의지가 아니라 힘에의 의지다.

|

『차라투스트라는 이렇게 말했다』

삶에의 의지는 생존이다. 인간은 단순히 생존을 위해, 종족의 보존과 번식만을 위해 지구를 여행하는 존재가 아니다. 힘에의 의지를 실현하기 위해 사는 것이다. 이것은 남을 짓누르고 권력을 누리라는 차원의 이야기가 아니다. 자기 자신을 꽃피우기 위해, 다채로운 삶의 향연을 즐기기 위해, 끊임없이 자신을 극복하기 위해 살아가는 것이다. 니체가 말하는 힘에의 의지는 단순히 강해지기 위해 사람들이 노력해야 한다는 것이 아니다. 인류 전체의 상승을 의미하는 것이다.

교육인가
조련인가

✳

'상급 학교들'이 사실상 달성하는 것은 하나의 잔인한 조련으로,
시간 손실을 최소화하면서 수없이 많은 젊은이를
국가의 봉사에 남김없이 이용할 수 있도록 만드는 것이다.

『우상의 황혼』

니체는 그가 살았던 시기 독일의 교육을 '잔인한 조련'이라고
했다. 교양을 함양하거나, 생각하는 인간을 육성하는 목적이 아
니라, 그저 국가에 봉사하는 사람을 길러내는 당시 교육의 상황
을 비판했다. 오늘날 우리의 교육은 어떤가? '건강한' 시민을 위한
교양 교육인가, 입시 교육인가? 사람을 인문학적으로 바라보는
가, 보다 효율적으로 국가 발전을 위해 투입할 수 있는 인적 자원
으로만 보는가? 정규 교육 과정을 통해 정말 중요한 것을 배우지
못하였다면, 이제부터라도 나만의 공부를 시작해 보자.

거꾸로 된
장애인이 될 것인가

✳

나는 한 가지만 지나치게 많이 가지고 있을 뿐,
다른 모든 것은 부족한 이들을 거꾸로 된 장애인들이라고 부른다.

『차라투스트라는 이렇게 말했다』

널리 통하는 지식인이 되어라. 현대의 전문가들은 지나치게 미분화된 분야에만 전문가가 되어 있다. 앞으로의 세상은 그런 지식은 크게 소용이 없다. 인공지능(AI)은 우리가 잠을 자고 있을 때도 그런 지식을 습득한다. 지식으로는 도저히 이길 수 없다. 몸의 근육을 키울 때 팔운동만 한다면 균형 있는 몸을 만들 수 없다. 힘이 세지는 것이 아니라 오히려 균형이 무너져 조금 큰 힘을 쓰려고 하다가 다치기 쉽다. 한 부분만 아는 것보다는 여러 분야를 두루 알고 통찰하는 힘을 키우는 것이 현명하다.

건강한 의지의
상호작용

✳

정의는 상호관계 속에 있는 두 힘에의 의지가
서로를 동등한 존재로 허락하고, 동등하기를 원하는 것이다.

|

『유고』

니체가 생각한 정의는 분배 정의와 교환 정의이다. 분배 정의는 각자에게 각자의 몫을 제대로 주는 것이고, 교환 정의는 개인과 개인 간, 개인과 공동체 간에 같은 가치의 재화나 용역을 교환하는 것이다. 그런데 이기적인 사람들이 자기가 모든 것을 취하거나 권력을 이용해 제대로 분배해 주지 않으면 정의가 성립할수 없다. 나와 상대를 동등한 존재로 대하고, 서로 동등하기를 원하는 태도가 필요하다. 이것이 바로 좋은 의지이다. 사회가 정의롭지 못하다고 느끼는가? 세상을 탓하지 말고 나를 들여다보라. 나는 좋은 의지를 갖추려고 노력하고 있는가?

서로 다른 의지 사이에서
흔들리는 위험

✳

산비탈을 오를 때, 눈은 저 아래로 향하고, 손은 저 위로 뻗어야 한다.
마음은 서로 다른 의지로 인해 혼란스럽다.

『차라투스트라는 이렇게 말했다』

자기 계발 서적을 읽고 동기부여 강연을 듣고 나면 의욕이 충만해진다. 눈에서 빛이 나고 뭐든지 시작하기만 하면 다 될 것 같다. 주변에서 하는 상식적이고 부정적인 말에 경멸의 눈빛을 보내며, '나는 다르다'라고 생각하기도 한다. 하지만, 변화를 위해 몇 가지 노력을 해보다 좌절을 반복하고 시간이 조금 지나고 나면 다시 제자리걸음이다. 완전히 자신을 내던져 바꾸기가 쉽지 않기 때문이다. 우리는 서로 다른 의지로 중간에서 대롱거린다. 상승하려는 의지와 안전하게 현재 상태를 유지하려는 의지다. 인간은 태생적으로 흔들리는 존재다.

상승하는 인간만이
아름답다

✳

미학의 제1진리: 인간 외에는 어느 것도 아름답지 않다.
미학의 제2진리: 퇴락한 인간보다 더 추한 것은 없다.

『우상의 황혼』

　　니체가 말하는 위버멘시-힘에 대한 의지, 용기와 자긍심을 갖고 자기를 고양하려 하며, 운명을 사랑하는 자는 아름답다. 상승하는 인간은 아름답다. 반면, 인간 말종의 길을 가는 자는 아름답지 않다. 그저 인간이라는 허울을 쓴 짐승일 뿐이다. 짐승은 상승의 욕구가 없다. 생존의 욕구로 움직일 뿐이다. 아름다움은 상승하는 것이다. '분수를 알아야지'라는 말은 반은 맞고 반은 틀리다. 내면의 목소리에 따라 자기 방향을 아는 자는 분수를 아는 것이다. 하지만, 게으르고 현실에 안주하는 것, 주저앉고 퇴보하는 것은 인간 말종의 특징일 뿐이다. 상승하는 나를 꿈꾸자.

어중간한 태도를
버려라

✳

어중간한 의욕일랑 다 버리고,
태만이든 행동이든 단호하게 결정하라!

『차라투스트라는 이렇게 말했다』

이도 저도 아닌, 어중간한 태도가 인생을 좀먹는다. 애매하게 여기저기 기웃거리지 말고, 포기할 것은 확실히 포기하고 어떤 분야에는 완전하게 태만해지는 것이 낫다. 내가 잘할 수 있는 것에, 하고 싶고 해야만 하는 일에 더 집중하자. 그런 분야에는 욕구, 의욕을 가져야 한다. 하고 싶은 것을 하지 못할 때, 이루고 싶은 것을 이루지 못할 때 분노하는 것은 무기력하게 늘어져 있는 것보다 훨씬 낫다. 의욕하고, 욕구하라. 힘에의 의지는 그런 것이다. 더 나은 존재가 되기 위해 끊임없이 의욕하는 것이다.

힘의 감정은
자신을 표현하고 싶어 한다

✴

우리 자신에 대해서든, 다른 인간에 대해서든,
표상에 대해서든, 상상의 존재에 대해서든,
힘의 감정은 자신을 표현하고 싶어 한다.

『아침놀』

힘에의 의지의 특징은 타인에게 영향력을 행사하고 싶은 것
이다. 자신의 존재를 표현하고 싶어 한다. 사람은 누구나 자기 존
재를 표현하며 영향력을 발휘할 때 행복을 느낀다. 예를 들어, 우
리는 타인이 우리에게 보이는 관심으로 상대방에 대한 영향력을
느끼며 즐거워한다. 하지만, 그런 영향력이 전혀 먹히지 않는 상
대, 즉 나에 대해 무관심한 상대에 대해서는 반감을 갖는다. 이럴
때는 누구나 자존심이 상하게 되며, 상대의 관심을 끌기 위해 선
물을 주거나 조롱하거나 아예 못살게 굴기도 한다.

단번에
나는 법을 배울 수는 없다

✴

나는 법을 배우려는 자는
우선 서서 걷고 달리며 기어오르고 춤추는 것을 배워야 한다.
단번에 나는 법을 배울 수는 없다!

『차라투스트라는 이렇게 말했다』

성장의 곡선은 완만한 상승 곡선이 아니다. 노력의 임계점, 기하급수적으로 성장하는 지점이 있다. 에너지가 쌓이다가 급격하게 뛰어오르는 구간이 있다는 말이다. 새들도 단번에 나는 법을 배울 수는 없다. 우선 걷는 법부터 배워야 한다. 그 뒤에 달리는 법을 배우고 이후에 그 힘으로 날아오를 수 있다. 작가가 되고 싶다면 먼저 일기 쓰기, 필사부터 시작하면서 좋은 표현을 익히고, 자기만의 생각을 정리하는 연습부터 시작해야 한다. 그렇게 몇 권의 노트가 쌓이다 보면 어느 순간 도약하는 순간이 온다. 단번에 나는 법을 배울 수는 없다.

비상하지 못하면
양심의 가책을 느껴야 하는 이유

✳

모든 일을 올바르게 정상적으로 하고 있어도
양심의 가책을 느끼는 이유는 '비상함'이 과제이기 때문이다.

『즐거운 학문』

한 운동선수는 시합이 끝나고 나서 다른 사람들이 모두 잘했다고 칭찬하는 중에 항상 자신을 비판했다고 한다. 자기가 원하는 비상함의 수준에 미치지 못했기 때문이다. 비상해지지 못하면 양심의 가책을 느껴야 한다. 누구에게나 삶의 과제는 성장과 발전이다. 평범함을 뛰어넘는 비상함으로의 날아오름. 그것이다. 편안함에 머무르고, 안주하는 삶이 나쁘다고만 할 수는 없다. 하지만, 니체의 관점에서는 위버멘시의 길을 가는 자라면 세상의 기준에서 아무런 문제가 없더라도 스스로 판단할 때 비상함에 이르지 못하였다면 양심의 가책을 느껴야 한다.

의지를 가진 자가
되고 싶지 않은가

✳

대지에서 자라는 것 중에
높고 강한 의지보다 더 기쁨을 주는 것은 아무것도 없다.

『차라투스트라는 이렇게 말했다』

볼품없는 화초로 가득한 정원에 튼튼하고 아름다운 나무가 한 그루라도 자란다면 정원 전체가 빛난다. 이처럼 힘에의 의지가 있는 자 곁에는 생기가 돈다. 의지가 있다는 것은 기쁨이다. 어떤 의욕이나 의지도 없는 상태는 시든 나무 이파리처럼 생기가 없다. 닉 부이치치(Nick Vujicic)는 사지가 없지만, 작가, 동기부여 연설가, 목사로 살아가고 있다. 그처럼 역경 속에서도 삶의 희망을 이야기하는 사람을 보면 우울했던 사람, 실패를 경험한 사람도 기운을 되찾을 수 있다. 삶의 목적을 잃고 방황하던 사람도 그 모습을 보면서 마음을 치유할 수 있다. 다른 사람들에게 그런 희망을 줄 수 있는, 의지를 가진 자가 되고 싶지 않은가?

겁 많은 사람이
더 위험하다

✳

서투르고 겁 많은 사람들이야말로 살인자가 되기 쉽다.
그들의 복수는 절멸시키는 것 이외의 출구를 알지 못한다.

|

『아침놀』

전쟁에서 효율적으로 승리하는 방법은 상대의 가장 핵심적인
전력을 타격해서 무력하게 만들고, 전쟁 의지를 없애는 것이다.
적국을 완전히 쑥대밭으로 만들고 전멸시키는 것이 목적이 아니
라, 효과적으로 승리하는 것이 목적이 되어야 한다. 고수의 전쟁
은 핵심만 타격한다. 하지만, 하수의 전쟁은 상대를 완전히 없애
버리는 방향으로 향한다. 모든 상황을 파국으로 끌고 갈 필요는
없다. 어리석고 용기가 없어, 과하게 극단적인 방법을 쓴다. 이
말은 니체의 인간에 대한 멋진 통찰이다. 겁을 집어먹은 개가 더
크게 짖는 법이다.

인간이
어떻게 극복되겠는가

✴

차라투스트라는 유일한 자이자 최초의 자로서 그대들에게 묻는다.
"인간은 어떻게 극복되겠는가?"

『차라투스트라는 이렇게 말했다』

생존만을 생각하면 걱정이 앞선다. 어떻게 이 상태를 잘 유지할지 골몰하는 것이다. 생존은 생명의 본성이다. 하지만, 생존이라는 본성은 생명의 일차원적인 목표이지, 존재의 근본적인 이유는 아니다. 생존한 다음에 무엇을 할 것인가, 왜 이 몸을 건강하게 보존해야 하는가, 건강한 상태에서 어떤 것을 할지 생각해야한다. 생존이 아닌 자기 초월에 헌신하라. 왜 인간이 존재하는가? 니체는 인간은 극복되고 극복되어 초인이 되기를 바란다. 숨 쉬고 먹고사는 것을 넘어선 그 무엇인가를 추구하는 의지 속에 인간 존재의 이유가 있다.

자기만의
진리를 탐구하라

✴

진리 탐구는
아직도 반항의 가장 위대한 형식이자 유일하게 현명한 형식이다.

|

『니체 자서전』

세상은 마치 진리가 정해진 것처럼 '이것을 따르라'고 말한다. 그렇게 하나하나 우리 주변에 강요된 가짜 진리의 벽돌을 쌓아 올려두었다. 우리는 그런 벽돌 감옥에 갇혀있다. 상식, 권위, 우상과 같은 그 벽돌들은 내가 검증한 것이 아니다. 일부는 진실이겠지만, 대부분은 큰 고민 없이 받아들인 거짓일 가능성이 크다. 이 거짓들을 내 생각으로 검증하고 내가 인정할 수 있는 진리를 탐구함으로써 벽돌 감옥에서 벗어날 수 있다. 니체는 평생 이런 벽돌 감옥에 저항했다. 세상에 저항하며 유일하게 해야 할 일은 진리를 탐구하는 것이다.

진정으로
제자를 사랑하는 스승의 말

✳

스승이 학생들에게 자신을 조심하라고 경고하는 것은
제자를 사랑하는 스승의 도리다.

|

『아침놀』

　배우는 자는 달을 가리키는 손가락이나, 그 사람만을 바라보지 않도록 주의해야 한다. 스승이 아닌, 진리를 보아야 한다. 사람을 중심으로 형성된 학파나 종교를 맹목적으로 추종하지 않도록 주의해야 한다. 진정한 스승은 '나를 따라야 한다'라고 하지 않고, '나를 따르지 말고 내가 전하는 메시지를 숙고하라'고 말한다. '나만 믿으면 된다'라고 하지 않고, '나를 믿지 말고, 나를 밟고 올라 자기만의 길을 가라'고 말한다. 스승을 찾고 싶은가? 진정으로 제자를 사랑하는 스승을 찾아라.

유종의 미를
거둘 줄 알아야 거장이다

✳

일류급 거장을 알아보게 하는 지표는
크고 작은 모든 것에서 완벽한 유종의 미를 거둘 줄 안다는 데 있다.

『즐거운 학문』

'용두사미(龍頭蛇尾)'라는 말이 있다. 시작은 용의 머리처럼 거
창하지만, 뱀의 꼬리처럼 마무리가 빈약해지는 것을 뜻하는 말이
다. 용두(龍頭)가 되기는 쉽다. 어떤 일을 시작할 때 누구나 처음
에는 의욕을 불태울 수 있기 때문이다. 하지만, 시작할 때의 의욕
과 열정을 지속하는 것이 어렵다. 대부분 사미(蛇尾)가 되어 버린
다. 용미(龍尾)가 되려면 어떻게 하면 좋을까? 꾸준히 해야 한다.
그리고 처음의 그 목표를 잊지 말아야 한다. 거장은 마지막까지
자기의 목표를 잊지 않는다. 끝까지 노력하고 해낸다. 하지만 이
류는 뒷심이 약하다. 우리는 각자 자기 삶의 거장이 되어야 하지
않을까?

위험하게
살아라

✳

위험하게 살아라!
그대들의 도시를 베수비오 화산 가에 세우라!
그대들의 배를 미지의 바다로 내보내라!
지배자와 소유자가 될 수 없다면, 약탈자와 정복자가 되어라!

|

『즐거운 학문』

    니체는 긍지를 갖고 용기 있게 살아갈 것을 주문했다. 위험하
게 살아라! 얼마나 멋진 말인가? 누구나 안락함과 편안함, 안정감
을 원한다. 그 또한 선택할 수 있는 삶의 모습이다. 하지만, 니체
는 위험하게 살라고 한다. 비유적으로 활화산 옆에다 집을 짓고,
미지의 바다에 배를 띄우고 싸우며 살라고 말한다. 왜 그렇게 해
야 할까? 남들은 이해하기 힘들더라도 나만의 이유가 있다면 위
험을 감수하라는 것이다. 자기가 소명으로 삼은 일에 묵묵하게
헌신하는 삶, 한결같이 긍지를 갖고 자기가 해야 할 일에 집중하
는 삶이다.

욕망은
통제할 수 있는 자에게 축복이다

✳

육욕, 그것은 잡것들에게는 자신을 불태워 버리는,
천천히 타오르는 불길이다.
자유로운 마음을 지닌 자들에게는 무죄요, 자유로운 것이며,
지상낙원에서 누리는 행복이자
미래가 온통 현재에 바치는 넘칠듯한 고마움이다.

『차라투스트라는 이렇게 말했다』

여기서 '잡것'은 위버멘시의 길을 가지 않는 자, 인간 말종을
말한다. 자기 극복을 포기하고 편안함만 추구하는 존재다. 그런
존재에게 육체적인 욕망은 독이다. 자신을 불태워 버리는 불길이
다. 하지만, 자기만의 길을 가는 자, 욕망을 통제할 수 있는 자기
지배력이 있는 자에게 욕망은 지상에 발을 딛고 서서 즐길 수 있
는 고마움이다. 자기를 다스리지 못하는 사람은 자유를 누릴 수
있는 자격이 없다. 욕망과 충동의 노예가 된다. 주인이 될 수 없
다. 자유는 그냥 주어지는 것이 아니다.

고양된 느낌을
믿어라

✳

대부분의 사람들은 고양된 느낌이라는 것을 당최 믿지 않는 듯이 보인다.
고양된 감정이 오래 지속되는 것을 경험으로 알고 있는 것은
소수의 예외적인 사람들뿐이다.

│

『즐거운 학문』

러닝머신 위에서 3분, 5분 정도 뛰어서는 별다른 변화를 느낄
수 없다. 하지만, 편안한 마음으로 30분 정도를 뛰면 소위 '러너스
하이(Runner's High)'라고 말하는 상태를 체험할 수 있다. 머리가
맑아지고 기분이 상쾌해진다. 자기를 극복하고 성장할 때 마치
러너스 하이와 같은 기분을 느낄 수 있다. 고양된 기분이다. 니체
는 고양된 상태로 살아가는 것, 그저 살기 위해 사는 것이 아닌,
자기 극복을 통해 더 나은 존재가 되는 것, 그것을 건강한 삶이라
생각했다.

7장

건강하고 행복하게 살기

삶은
두려움을 이겨내는 과정이다

✳

지금까지 인류가 거둔 위대한 성과는 우리가 야수에 대해,
야만인들에 대해, 신들에 대해, 우리의 꿈들에 대해
끊임없이 품어왔던 두려움을 더 이상 가질 필요가 없다는 것이다.

『아침놀』

가장 어두운 감정은 분노도, 무기력도 아닌 두려움이다. 인간의 역사는 두려움을 정복해 온 역사라고 할 수 있다. 도구와 기술의 발달로 짐승과 야만에 대한 두려움에서 벗어났고, 이성과 과학의 발달로 신에 대한 두려움을 이겨냈다. 우리가 꿈꾸던 많은 것들을 실제로 눈앞에서 이뤄내면서 자기 자신과 꿈에 대해 믿음이 생겼다. 개인의 성장도 두려움을 이겨내는 과정이다. 마음껏 꿈꾸고 자신을 한계 짓지 말자. 두려움을 이겨내자. 우리는 무엇이든 할 수 있고, 무엇이든 될 수 있다.

건강한 삶을
살아라

＊

우리에게는 새로운 건강이 필요하다.
이전의 어떤 건강보다도 더 강하고 더 능숙하고
더 질기며 더 대담하고 더 유쾌한 건강,
즉 위대한 건강 말이다.

『이 사람을 보라』

니체가 결국 말하려고 한 것은 각자의 건강한 삶이다. 외부의
우상을 숭배하느라 자기를 잃지 말고, 편안함에 안주하려 하지
말고, 고양된 정신으로 항상 성장하는 삶, 건강한 삶을 살라는 것
이다. 건강한 삶은 스스로 획득하는 것이다. 남에게 의존해서는
안 된다. '이것이 행복이다', '재산이 이 정도는 되어야 한다'와 같
이 외부에서 주어지는 기준에 맞추려고 하는 것은 건강한 정신이
아니다. 건강한 삶은 누구에게도 의존하지 않고 자신이 스스로
기준을 세우고 획득하는 것이다.

감정에서 벗어나
이성적으로 판단하자

✳

우리는 틀렸다고 생각하는 판단과 더는 믿지 않는 교언에서
여전히 결론을 끌어낸다.
우리 감정을 통해서 말이다.

|

『아침놀』

머리로는 이미 틀렸다는 것을 알고 있으면서도 감정적으로 용납이 되지 않아 잘못된 판단을 붙잡는 경우가 있다. 예를 들어, 주식 투자를 하다가 한 종목에서 크게 손해를 보고, 당분간 상승할 기미가 보이지 않는데도 계속 투자금을 늘리면서 평균 단가를 내리는 것과 같은 행동이다. 머릿속으로는 안다. 이 종목은 글렀다는 것을. 하지만, '그래도 혹시' 하는 얄팍한 기대와 미련으로 잘못된 행동을 이어간다. 일을 할 때도 '이 일이 아닌 것 같다'라는 생각이 들어도 매달 월급의 유혹을 이기지 못하고 초점 없는 눈으로 출근하는 경우가 얼마나 많은가?

먼저
자기 자신을 사랑하는 자가 되어라

✳

어쨌든 이웃을 그대들 몸처럼 사랑하라.
하지만 먼저 자기 자신을 사랑하는 자가 되어라.

『차라투스트라는 이렇게 말했다』

사랑은 인간을 인간답게 해주는 것이다. 하지만, 사랑하라고
해서 자기를 무조건 소진해 가면서 하는 것은 바람직하지 않다.
자기를 지키지 않는 사랑은 건강한 관계에 좋지 않은 영향을 줄
수 있다. 건강한 관계는 먼저 자기 자신을 사랑하는 것에서 시작
한다. 엄마가 아이를 기르면서 자신을 버리고 희생하기만 한다면
우울할 것이다. 남녀 간의 사랑도 마찬가지다. 한쪽이 무조건 자
기를 희생하면서 상대에게 맞춰주다가는 언젠가는 파국을 맞이
한다. 먼저 자기 자신을 사랑하자.

걸으면서 얻은
생각만이 가치 있다

✳

꾹 눌러앉아 있는 끈기야말로
성스러운 정신을 거스르는 죄이다.
걸으면서 얻은 생각만이 가치 있다.

『우상의 황혼』

생명력을 잃고 앉아만 있지 말자. 머릿속이 복잡하다면 일단 몸을 움직여 보자. 꾹 눌러앉아 쥐어 짜낸 생각에는 짠 내가 난다. 삶은 생명력이다. 아이들을 관찰해 보라. 아이들은 어떻게 놀고, 어떻게 생명력을 표현하는가? 가만히 앉아서 노는 아이는 없다. 호기심을 갖고 이리 기웃, 저리 기웃하고, 여기저기 뛰어다니면서 새로운 것을 발견하고, 웃고, 춤춘다. 창의적인 아이디어가 필요하다면 가만히 앉아 있지 말고 움직여라.

시야를 확장해
공동체를 생각하라

현대인들의 생활은
그리스인들의 생활방식에서 근본적으로 이탈했다는
한 가지 이유로 고통스럽다.
그리스의 예술가들은 스스로 저마다 고유한 재능을 보유한
예술가로 생각했을 뿐 아니라 그리스라는 국가를 위한
장인(匠人)들로 생각했다.

『니체 자서전』

니체에 따르면, 그리스 예술가들의 삶이 고통스럽지 않을 수 있었던 이유는 그들이 각자의 삶을 공동체와 완전히 동떨어진 별개로 인식하지 않았기 때문이다. 자신의 행위가 공동체 속에서 어떤 '의미'를 갖게 될 때 인간은 소외감을 이겨낼 수 있다. 자기 자신을 먼저 바로 세우는 것은 중요하지만, 오직 자기 자신만 생각하는 삶은 편협하다. 내가 아무리 완벽한 목표를 추구하고, 그것을 달성했다고 하더라도 공동체 속에서 의미를 갖지 않으면 공허하다. 시야를 확장해 나의 목표를 공동체의 이익에 부합시킬 것. 그것이 건강한 삶의 한 조건이 될 수 있다.

지구는
행동하는 사람들의 별이다

✳

가장 믿을 만한 지식이나 신앙이라도
행동을 위한 힘이나 뛰어난 능력을 줄 수 없다.

『아침놀』

실행이 중요하다. 아무리 많은 지식이나 깊은 신앙심을 갖고 있다고 하더라도 움직이지 않으면 아무 일도 일어나지 않는다. '수주대토(守株待兎)'라는 말이 있다. 송나라의 한 농부가 우연히 나무 그루터기에 뛰어들어 죽은 토끼를 얻은 뒤 어리석게 농사를 그만두고 토끼를 기다렸다는 고사에서 유래한 말이다. 요행을 바라며 행동하지 않는 것은 어리석다. 기도만 한다고 원하는 일이 일어나지 않는다. 기도나 바람은 내가 행동한 것이 현실로 더 잘 일어나도록 도와주는 촉매 역할을 하는 것이지, 그것만으로는 일이 되지 않는다. 지구는 행동하는 사람들의 별이다.

보수로만
일을 선택하지 말자

✳

보수를 위해 일자리를 찾는다는 점에서
문명화된 국가에 사는 모든 인간은 동일하다.
그들에게 일은 수단일 뿐 그 자체가 목적이 아니다.

|

『즐거운 학문』

일을 어떻게 바라볼 것인가? 일을 돈을 벌기 위한 수단으로만
보면 빨리 노후 대책을 마련한 뒤 은퇴하는 것이 가장 좋은 길이
다. 하지만 일에서 삶의 보람을 찾는다면 빠른 은퇴를 목표로 설
정할 필요는 없다. 아니, 오히려 평생 일을 즐기면서 하는 것이 더
중요하다. 일을 하면서 사람들과 교류하고, 다른 이들에게 도움
을 주는 것에서 만족감을 느낄 수 있다. 은퇴한 사람들이 빨리 늙
는다는 말이 있는 걸 보면, 일 자체에서 얻는 만족감을 무시할 수
는 없는 것 같다. 빠른 은퇴보다 일을 통해 나를 드러내고, 의미와
가치를 찾는 것은 어떨까?

나비와
비눗방울처럼 살자

나비와 비눗방울이,
그리고 그런 부류의 인간들이 행복을 가장 많이 아는 것 같다.
나는 춤출 줄 아는 하나의 신만 믿을 것이다.

『차라투스트라는 이렇게 말했다』

삶을 가볍게 살아라. 너무 심각해지지 말자. 삶은 심각하게 바라보면 걱정할 것 투성이다. 하지만, 가볍게 바라보면 춤추듯 즐기면서 살 수도 있다. 니체의 글에서 여러 번 반복해서 나오는 '중력의 영'은 관습이나 도덕관념, 법처럼 심각하고 진지하고 무거운 것이다. 가볍게 살려고 하는 우리의 정신을 중력으로 짓누르는 것을 나타낸다. 중력의 영에 발목 잡혀 인상을 찌푸리고 살지 말자. 나비와 비눗방울처럼 가볍게 날아다니듯, 춤추듯 살아보자.

감정은
궁극적인 것이 아니다

✳

감정은 궁극적인 것도, 근원적인 것도 아니다.
감정을 신뢰하는 것은 내면에 깃든 신들보다 조부와 조모,
더 나아가 이들의 조부모에 복종하는 것을 의미한다.

『아침놀』

감정을 자유롭게 발산하고 드러내는 것을 '인간적'이고 '솔직하다'고 평가하는 사람들이 있다. 꼭 잘못된 말이라고 할 수는 없지만, 감정의 본질에 대해서 생각해 볼 필요가 있다. 왜냐하면 감정은 그 자체로 완전하거나 자연스러운 것은 아닐 수 있기 때문이다. 누군가 나의 뒤통수를 때린다면 화가 나는 것이 '자연스러운' 감정일까? 어떤 이들은 뒤통수를 맞아도 무심할 수도 있다. 감정은 패턴화된 자극에 대한 반응이지, 그것이 궁극적인 것이 아니다. 어떤 감정이 일어난다면 어떤 '가치 판단'에서 비롯된 것인지 숙고해 보라. 큰 비판 없이 사회적으로 학습한 고정관념이 대부분이다.

자기를
속이지 말라

✦

아는 것과 반대로 말하는 자뿐만 아니라,
모르는 것을 무시하고 말하는 자야말로 거짓말하는 자다.

|

『차라투스트라는 이렇게 말했다』

니체는 자기 자신을 속이지 않는 삶을 건강한 삶이라고 보았다. 자신이 아는 것과 반대로 말하는 것은 어떤 종류가 되었든, 외부의 압력에 굴복해 자신을 속이는 것이다. 자신이 모르는 것을 무시하고 말하는 것은 모른다는 사실을 타인에게 들키고 싶지 않아 솔직하지 않게 말하는 것이다. 두 경우 모두 거짓말이다. 재미있는 점은 거짓말을 계속하면 자기도 모르게 그것을 정말로 믿어버린다는 것이다. 스스로 자기를 세뇌하는 것이다. 거짓말을 듣는 상대가 속는 것도 좋지 않은 일이지만, 자기 자신을 거짓말로 세뇌하는 것이야말로 건강한 의식에서 멀어지는 것이다.

위안은
고통의 약이 아니다

✺

사람들은 무지하기에 순간적인 효과는 있지만,
마비시키고 도취시키는 약,
이른바 위안이 치료의 힘을 갖는다고 생각한다.

|

『아침놀』

고통을 겪고 있을 때 누군가의 위안은 잠시 마음을 따뜻하게 해줄 수는 있지만, 문제를 해결해 주지는 못한다. 오히려 위안으로 도피해 문제를 직시하지 못하게 할 수가 있다. 근본적인 문제에 대한 깨달음이나 배움, 성장 없는 위안은 문제를 완전히 해결해 주지 못한다. 외부의 자극에 대해 '아프지?' 하고 위로받는 것보다, 그런 정도 고통에는 눈 하나 깜빡하지 않는 단단한 정신력을 기르는 것이 낫다. 조금 흔들렸다고 하더라도 금세 회복할 수 있는 건강한 정신을 단련하는 것이 더 중요하지 않을까? 단순한 위로는 정신을 마비시킬 뿐, 단련할 기회를 빼앗는다.

약속한 것에
책임을 지자

✳

약속해도 되는 짐승을 기르는 것.
이것이야말로 자연 스스로 인간에게 부여한
바로 그 역설적인 과제 자체가 아닌가?

|

『도덕의 계보』

　　인간에게는 '망각'이라는 자연스러운 능력이 있다. 만약 망각
하지 못한다고 생각해 보자. 고개를 들고 다니기 힘들다. 살면서
했던 모든 말과 행동, 생각이 떠오르면 부끄럽지 않은 사람은 많
지 않을 것이기 때문이다. 망각이라는 자연스러운 본성을 이겨내
는 것이 약속이다. 약속은 기억해야 한다. 약속을 잊으면 많은 문
제가 생긴다. 인간은 약속함으로써 인간답게 된다. 이것은 책임
지는 것이다. 내가 약속한 것에 대해 책임지는 것, 그것이 바로 진
정으로 자유로운 인간 정신이며, 자기를 지배하는 정신이다. 나
는 나에게 어떤 약속을 할 것인가? 그 약속을 잊지 말고 자기를
통제하라. 그래야 진정 자유로운 인간으로 살아갈 수 있다.

지름길에
속지 말라

✺

이른바 '지름길'은 항상 인류를 큰 위험에 빠뜨렸다.

『아침놀』

성실하게 한 걸음 한 걸음 걸어가는 길을 신뢰하자. 지름길을 제시하는 자들의 말에 부화뇌동하지 말자. 'x년 만에 xx억 번다'는 식의 지름길을 제시하는 사람들은 일단 경계하는 것이 좋다. 그들은 극단적인 몇 가지 사례를 일반적인 사실처럼 말하거나, 겉으로 드러나지 않는 결정적인 변수를 숨기고 광고하는 경우가 많다. 무턱대고 지름길이라는 그 말만 믿고 내가 가는 길을 떠났다가는 길을 잃는다. 소중한 시간과 돈을 잃기 쉽다.

명랑함을
유지하라

✳

그 무엇이 명랑함보다 더 필요하단 말인가?
그 어떤 일도 들뜸이 없이는 잘되지 않는다.
지나칠 정도로 넘치는 힘이야말로 힘에 대한 증거이다.

|

『아침놀』

보통 사람들이 흉내조차 내지 못할만한 성과를 이룩하는 사람들은 다소 흥분된, 경미한 조증 상태를 유지하는 경우가 많다. 발명왕 토머스 에디슨, 철강왕 앤드루 카네기, 유전체 개발의 선구자인 크레이그 벤터 등이 그 예이다. 명랑함과 높은 에너지 상태, 고양된 상태를 유지하는 것은 하나의 중요한 능력이라고 할 수 있다. 어떤 일을 하든 다소 고양된 상태에서 해야 탁월한 성과를 낼 수 있다. 명랑함을 유지하라. 경미한 조증 상태를 유지하라.

청년의 정신을
가져라

✳

마음이 먼저 늙는 자와 정신이 먼저 늙어버리는 자가 있다.
늦어서 청년이 되는 자는 오랫동안 젊음을 유지한다.

|

『차라투스트라는 이렇게 말했다』

나이가 들었어도 몸과 마음이 건강한 사람이 있다. 그런 사람들의 공통점은 기운을 집중해서 하려고 하는 일이 있다는 것이다. 의욕이 있는 것이다. 반면에, 젊은 나이라도 눈에 초점이 없고 기백이 약한 사람이 있다. 나이는 적지만 정신이 사그라들어 버렸기 때문이다. 청년의 정신을 지녀라. 마음, 정신이 늙는 자는 금방 쪼그라들어 버린다. 건강함을 유지하라. 위버멘시의 길을 가는 자는 정신의 건강함을 유지할 수 있다. 지금 당장 마음을 바꾸면, 청년의 정신으로 향하면 된다.

자기 의견을
바꾸는 것에 대하여

✺

자유로운 정신은 자기 의견을 바꾸는 능력을 희귀하고
격조 높은 탁월한 능력으로써 존경한다.

|

『아침놀』

'일관성'은 존경받을 만한 인간의 속성이 될 수도 있지만, 경멸의 대상이 될 수도 있다. 어떤 일이 있어도 자기 소신을 굽히지 않는 것은 분명히 찬탄할 만하다. 하지만, 상황이 바뀌거나 새로운 사실에 의해 생각을 바꾸는 것이 자연스러울 때는 아집이 될 수 있다. 의견이나 견해는 바뀔 수 있다. 새로운 사실을 알게 되거나, 새로운 경험을 통해 깨달음을 얻었을 때 자유로운 정신의 소유자라면 자신의 견해를 수정할 것이다. 과거의 입장을 견지하느라 의견을 바꾸지 않는 것은 위험하다. '일관성'이라는 가치보다 더 중요한 것이 '유연함'이지 않을까?

대답할 수 없는 질문에
귀 기울이자

✳

인간은 대답할 수 있는 질문만 듣는다.

『즐거운 학문』

　　인간의 청각에는 재미있는 한계가 있다. 듣고 싶은 것만 듣는 것이다. 함께 이야기를 나누고 나서도 나중에 각자가 이해하는 것이 다른 경우가 비일비재하다. 사람들은 종종 의도적으로 상대의 질문에 대해 대답하지 않고 무시해 버리기도 한다. 당장 대답하기 곤란한 경우다. 대답할 수 있는 질문은 현재의 견해를 바꾸지 않아도 되는 것, 학습이나 경험을 통해 자신 있게 답할 수 있는 것이다. 아이들과 대화해 보라. 얼마나 많은 질문을 하는가? 어른들이 들으면 밑도 끝도 없고, 근본을 뒤흔드는 질문이다. 오히려 그런 질문에 대해 깊이 있게 고민해 봐야 하지 않을까? 대답할 수 없는 질문에 귀 기울이자.

삶이 손가락 사이로
빠져나가지 않게 하라

✳

우리는 '목적'이라는 것 때문에
삶이 손가락 사이로 빠져나가지 않게 해야 한다.
모든 계절이 맺는 열매들을 우리 자신으로부터 다 거둬들여야 한다.

『유고』

보통 가을에 사과, 배, 무화과 등 많은 열매가 맺는다. 하지만, 실제로 각기 다른 계절에도 많은 열매를 얻을 수 있다. 봄에는 한라봉이나 산딸기, 매실, 앵두 등을, 여름에는 포도, 자두, 체리 등을, 겨울에도 귤, 유자 등을 얻을 수 있다. 우리 삶의 모든 순간에도 수확할 수 있는 열매가 있다. 순간마다 경험할 수 있는 어떤 독특한 경험이 있다. 아이의 탄생, 처음으로 뒤집기를 하는 순간, 입학과 졸업 등. 그런 소중한 체험을 사소한 목적을 이루기 위해 달려가다 놓치지 않도록 주의해야 한다.

베푸는 영혼이 없는 곳에서는
퇴화가 일어난다

✳

베푸는 덕이야말로 최고의 덕이다.
베푸는 영혼이 없는 곳에서는 늘 퇴화가 일어나게 마련이다.

『차라투스트라는 이렇게 말했다』

니체는 베푸는 덕을 하나의 온전하고 신성한 이기심의 발로라고 보았다. 자기 깨달음을 나누는 것, 그것에서 비롯되는 이기심. 이것은 황금과 같이 당장 큰 쓸모는 없어 보이지만, 은은하게 빛난다. 깨닫고, 베풀어라. 건강하게 이기적인 인간이 되어라. 병든 이기심에서 벗어나라. 병든 이기심은 남의 것을 빼앗으려고 한다. 모든 것이 자기를 위해 존재한다고 생각하면서 자기의 생존을 위한, 욕구를 충족시키기 위한 수단으로 세상을 대한다. 반면, 건강한 이기심은 덕을 베풀려는 의지에서 비롯된다.

도시에
결여된 것

✳

우리는 대도시에 결핍된 것에 대한 통찰이 필요할 것이다.
깊은 성찰에 잠길 수 있는 조용하고 넓게 펼쳐진 장소,
날씨가 좋건 나쁘건 거닐 수 있도록
높은 천장과 길게 뻗은 회랑이 있는 장소 말이다.

『즐거운 학문』

서울, 뉴욕, 런던의 거리를 걸어보면 공통적으로 느껴지는 것이 있다. 대도시는 지나치게 소란스럽다는 것이다. 고요함과 동떨어져 있다. 인간의 성찰을 방해한다. 숭고함이나 고아함과는 거리가 먼, 콘크리트로 둘러싸인 도시. 이곳에서 우리는 무엇을 찾고 있는가? 우리에게 필요한 것은 외부에 끌려가는 마음이 아니라 내부로 향하는 성찰이다. 우리 각자가 자기 안으로 산책하기 위해 외부의 소음으로부터 자유로워지는 조건을 적극적으로 찾아야 한다. 도시에 결핍된 것을 적극적으로 찾아가자.

대가를 바라는 것은
덕이 아니다

✳

덕을 사랑하는 것은 어머니가 자식을 사랑하는 것과 같다.
그런데 자식을 사랑한 대가를 바라는 어머니가 어디 있단 말인가?

|

『차라투스트라는 이렇게 말했다』

대가를 바라는 덕은 덕이 아니다. 사랑을 주고 사랑을 바라는 것이 사랑이 아니다. 어머니가 아이를 성심을 다해 돌보는 것은 '그냥' 하는 것이지, 무언가를 돌려받기 위해 하는 것이 아니다. 어떤 대가나 보수를 바라는 것은 덕이 아니라 거래일뿐이다. 『명심보감』〈존심편〉에도 '시은물구보 여인물추회(施恩勿求報 與人勿追悔; 은혜를 베풀고 보답을 바라지 말고, 남에게 주었다면 지난 일을 뉘우쳐 아까워하지 말라)'라는 말이 있지 않은가? '그냥' 하는 것이 진짜다.

마음을
편안하게 하는 약

❋

자기 체험을 타인의 체험을 대하듯 바라보는 것은
마음을 매우 편안하게 한다.
그것은 권장할 만한 하나의 약이다.

『아침놀』

내 삶의 체험을 관찰자로서 바라보라. 너무 몰입하지 말라. 나는 누구인가? 카드값이나 청구서 때문에 불안에 떠는 자, 상사에게 꾸지람을 듣고 의기소침해 있는 자, 출근길 지하철에서 고개를 떨구고 있는 자가 아니다. 그런 경험을 하는 나를 관찰하는 자가 진짜 나다. 마음이 불안한가? 현실에 과도하게 몰입해 있지는 않은지 성찰해 보라. 글을 쓰면서 나를 객관적으로 바라보라. 나의 체험을 타인의 체험처럼 관찰하라. 이것이 마음의 평정을 가져오는 멋진 처방이다.

앉아 있지 말고
움직여라

✳

가능한 한 앉아 있지 말라.
야외에서 자유롭게 움직이면서 생겨나지 않은 생각은
무엇이든 믿지 말라.
근육이 춤추듯 움직이는 생각이 아닌 것도 믿지 말라.

『아침놀』

머릿속이 복잡할 때 가만히 앉아서 이런저런 생각해 봤자 달라지는 것은 없다. 고민이 있을 때는 몸을 움직여라. 산책하라. 산책은 창의적으로 성공한 사람들의 친구다. 독일의 철학자 칸트는 매일 정해진 시간에 하루도 빠짐없이 산책한 것으로 유명했다. 많은 자기계발서의 저자들은 힘든 시기를 몸을 움직이고 운동하고, 산책하면서 이겨냈다고 이구동성으로 말한다. 몸을 움직여라. 산책하라. 춤추듯 살아라. 니체가 권장하는 삶은 생명력이다.

무엇을 위해
먹는가

✳

현재 사람들이 하는 식사는 엉망이다.
요리는 인상을 주려고 만들어질 뿐, 영양까지 고려되지는 않는다.

|

『아침놀』

음식은 자기 몸에 맞게 영양가 있는 것을 적당량 먹어야 한다. 음식의 본질을 흐리지 말자. 음식의 본질은 무엇인가? 건강한 삶을 위한, 몸을 위한 재료다. 음식의 첫 번째 목표가 혀를 만족시키는 것이 되는 것은 바람직하지 않을 것이다. 물론 화려한 호텔 뷔페에서 다양한 음식을 즐기는 것은 행복한 경험이다. 하지만, 일상의 음식은 소박하고 소화가 잘되고, 건강에 도움이 되는 것이어야 한다. 먹는 것이 결국 내 몸이 되고, 내 정신이 되는 것이다.

자신을 믿는 것이
고귀함이다

✳

스스로에 대해 두려워하지 않는 것,
수치스러운 일을 하리라고 생각하지 않는 것,
충동이 이끄는 대로 아무 의심 없이 날아가는 것이야말로
고귀함의 징표다.

|

『즐거운 학문』

고귀함은 자신을 믿는 것에서 나온다. 자기 내면에서 꼭 했으면 좋겠다고 하는 일이 있다면 믿고 하는 것이 맞는 길이다. 자기가 하려고 하는 것이 이렇게 하면 이 정도 잘 될지, 시간 낭비하는 건 아닌지, 계속 의심하는 것은 신중함이 아니라 정신의 천박함이다. 자신에 대해 의심하지 말고 자유롭게 날아라. 그것이 정답이다. 자신을 수치스러워하지 말라. 열정적으로 살아라. 열정을, 충동을, 빛을 따르라.

가슴에
별을 품어라

별을 품지 못한 가슴은 모두 저 하늘을 그리워한다.

『차라투스트라는 이렇게 말했다』

꿈을 가져라. 위로 상승하려는 욕구를 가져라. 꿈을 품지 않으면, 가슴이 뛰지 않으면 그 삶은 반쪽짜리도 되지 않는다. 열심히 일해서 돈을 번 다음 빨리 은퇴하기를 바라는 사람들이 많다. 그 뒤엔? 그 뒤엔 해외여행이나 다니면서 놀며 살 것인가? 그런다고 행복할까? 그 마음은 별을 품은 가슴인가? 우리는 모두 상승의 욕구가 있다. 각자에게는 별을 향해 가는 각자의 길이 있다. 우리는 하늘을 그리워한다. 자기 극복의 과정 자체가 삶이다.

육체를 편하게만
두지 말라

✳

온갖 종류의 비애와 영혼의 비참한 상태를
극복하기 위해 시도해야 할 것은
우선 식단을 바꾸고 육체적으로 고된 일을 하는 것이다.

|

『아침놀』

아침에 일찍 일어나 운동하고 명상하며 하루를 계획하는 사람은 무너지지 않는다. 몸을 편하게만 두지 말고 움직여라. 정신적으로 힘들 때 그 상태를 정신적인 차원으로만 극복하려고 하면 마음처럼 되지 않는다. 그럴 때일수록 몸을 움직여라. 무언가 운명의 흐름이 막혀있다고 느껴질 때, 몸을 움직이는 일을 하라. 강가를 걷고 산에 올라라. 육체를 힘들게 해라. 그런 움직임이 우리를 쓸데없는 비탄의 늪에 빠지지 않도록 도와준다.

고급 인간이
되는 방법

✳

고급 인간을 저급 인간과 구분해 주는 것은,
전자가 무수히 더 많은 것을 보고 듣는다는 것,
생각하면서 보고 듣는다는 것이다.

『즐거운 학문』

돈과 시간을 아끼지 말고 시야를 확장하자. 견문을 넓히고 생
각하는 능력을 키우자. 무턱대고 경험한다고 시야를 확장할 수
있는 것이 아니다. '생각하면서' 경험해야 한다. 니체가 말한 것처
럼 생각하면서 보고 들어야 한다. 스스로 배울 것을 찾아다니고
다양한 사람의 생각을 들어보자. 많은 책을 읽고, 태어나 처음 가
는 곳에서 목적지를 정하지 말고 산책해 보자. 삶의 다양한 측면
을 껴안아라. 그저 살아가지 말고, 적극적으로 살아라.

머물 곳을
잘 정하자

✳

장소와 풍토 선택에 실패하는 자는
자기 자신의 과제에서 멀어지게 될 뿐 아니라,
아예 과제가 억류당하게 된다.
그 과제가 그에게 알려지지 않게 되는 것이다.

『이 사람을 보라』

니체는 거의 평생을 질병에 시달렸다. 그는 유럽의 여러 지역을 다니면서 요양하면서 틈틈이 책을 썼다. 자기 건강에 맞는 풍토, 살 곳을 잘 정하는 것은 중요하다. 건강한 몸을 갖기 위해 연구하는 노력이 필요하다. 그래야 내가 세상에서 이루고자 하는 것을 제대로 이룰 수 있다. 사는 곳이 나와 안 맞아서 건강을 잃고, 제대로 잠재력을 발휘하지 못하고 인생을 꽃피우지 못한다면 누구의 잘못인가?

건강은
스스로 돌보아야 한다

✳

의사의 치료를 받으면 지시하는 것만 엄격하게 지킨다.
하지만 스스로 건강을 돌보면 훨씬 더 주시하고, 주의하며,
많은 것을 자신에게 명령하고 금한다.

『아침놀』

건강은 스스로 돌보아야 한다. 의사는 정상범위를 벗어나는 것에 대해 필요 최소한의 것만을 말해준다. 정상범위라는 것은 일반적인, 평균적인 수치나 상태가 기준이다. 그것이 꼭 내 몸과 맞는 것이 아닐 수 있다. 내 몸과 대화하라. 내 몸은 내가 가장 잘 안다. 전문가에게만 의존하는 것은 소극적인 건강관리 방식이다. 전문가의 조언을 참고하여 적극적으로 자기가 주도적으로 자신을 관리하는 것이 현명하다. 건강뿐 아니라 다른 모든 분야에서도 마찬가지다. 자신을 스스로 돌보라.

열정의 도덕을
사랑하라

✳

나는 아침부터 저녁까지, 밤에도 그 일에 대해 꿈꾸게 하는 도덕,
그것을 가능한 한 잘 해내는 것 외에는
다른 아무것도 생각하지 않도록 만드는 도덕에 호감을 느낀다.

『즐거운 학문』

니체는 형이상학적인 도덕, 뜬구름 잡는 이야기를 혐오했다. 그는 현실의 삶에서 자기답게 잘 성장하도록 돕는 도덕을 사랑했다. 그것은 어떤 도덕인가? 그가 대표작인『차라투스트라는 이렇게 말했다』와 같은 책을 통해 제시한 것은 위버멘시의 길을 가는, 건강한 삶을 꽃피우는 도덕이다. 멈춰있지 않고, 끊임없이 위로 향하는 것을 지향하는 도덕이다. 열정이 없다면 삶이 아니다. 열정은 누구도 강요할 수 없다. 스스로 자기 성장에 대한 철학을 세워야 열정적으로 살아갈 수 있다. 열정의 도덕, 집중의 도덕, 성장의 도덕에 집중하라.

정열과 욕구를
통제하자

✳

정열과 욕구들을 고작 우매함이나
그로 인한 달갑잖은 결과를 예방한다는 이유로 멸절시키는 것.
그것이 심각한 형태의 우매함이다.

|

『우상의 황혼』

사람에게는 다양한 욕구와 불꽃처럼 폭발하는 에너지가 있다. 성적인 에너지, 집착에 가까운 욕구, 끊임없이 더 가지려는 탐욕 같은 것이다. 이런 것을 건강한 정신으로 통제하지 않으면 여러 가지 문제가 생길 수도 있다. 사회적으로 높은 지위에 오른 사람들이 성욕을 통제하지 못해 스캔들에 휘말려 하루아침에 나락으로 떨어지거나, 부자가 더 많은 것을 가지려고, 혹은 가진 것을 지키려고 법을 어기다 꼬리가 잡혀 망신당하는 경우도 비일비재하다. 그렇다고 이런 욕구 자체를 무시하거나 말살해 버리려는 시도는 어리석은 것이다. 그 에너지를 자기 성장의 동력으로 활용하면 더 큰 성장을 할 수 있다.

내 삶에 힘이 되는
니체의 말

초판 발행   2024년 3월 10일

지은이   임성훈
펴낸곳   다른상상
등록번호   제399-2018-000014호
전화   02)3661-5964
팩스   02)6008-5964
전자우편   darunsangsang@naver.com
ISBN   979-11-90312-53-0 03190

독자 여러분의 책에 관한 아이디어나 원고 투고를 설레는 마음으로 기다리고 있습니다.
이메일로 간단한 개요와 취지, 연락처를 보내주세요. 독자님과 함께하겠습니다.